サラー
Salah
西サハラ難民アスリート

Itsuko Hirata : journalist　平田伊都子　著

Kiju Kawana : Photojournalist　川名 生十　写真

2019年2月26日、アルジェリアにある西サハラ難民キャンプで行われた「サハラマラソン」10,000mで優勝した時のスナップ

社会評論社

2014 年、スマラ・西サハラ難民キャンプで、若い活動家
の集会に参加

サラーはフランス各地で、数々のレースに参加
した。サラーを探してみて…

プロローグ

アフリカのラスト・コロニーに生きる

1992年、モロッコ占領地・西サハラの首都ラユーン
のマラソン大会表彰式。真ん中がサラー少年

1 難民アスリートのアマイダン・サラー

　東京オリンピックを誘致する時のキャッチフレーズに、福島復興オリンピックという大義名分がありました。2011年東日本大震災の爪痕が生々しく残る頃で、オリンピック商売に異議を唱える人々も不承不承納得しました。筆者もその一人でした。

　しかし、結局、福島復興はなおざりにされたままで、オリンピック商売ファーストに絞られ、貧乏人や難民とは別世界の話へと展開していきました。そんな2019年10月11日、西サハラ難民政府青年スポーツ大臣から、森喜朗2020東京オリンピック組織委員会会長に宛てて、ある難民アスリートの推薦状が届きました。オリンピックに参加する方法はないか？　という問い合わせです。推薦された難民アスリートが、アマイダン・サラーでした。IOC（国際オリンピック委員会）やTOCOG（東京オリンピック・パラリンピック競技大会組織委員会）にサラーを紹介しようと、彼のスポーツ歴を調べていくうちに、「このアスリートこそが、西サハラの受難を伝えるのに最適任者ではないか」という思いに至りました。

　そして、美男子サラーの魅力をもってすれば、世界の人々も忘れ去られた〈アフリカ最後の植民地・西サハラ〉に目を向けてくれると、確信したのです。

　2019年末から2020年にかけて、サラーを東京オリンピックに参加させる道を探りました。その結果、サラー難民アスリートが東京オリンピックで走るには、〈難民五輪選手団〉のメンバーになることだという、結論に辿り着きました。

　ところがオリンピックの年2020年になると、傲慢な現代人に警告を与える新型コロナウィルスが、世界中に蔓延しました。2020年3月に入り、WHO（世界保健機関）の勧告を受けたIOC（国際オリンピック委員会）が、2020年7月〜8月東京オリンピック開催の可能性を検討し始めました。

　そして、日本政府とTOCOG（東京オリンピック・パラリンピック競技大会組織委員会）が決断し、3020年3月24日、2020年東京オリンピックは一年程度の延期と決定されました。スポーツ界に衝撃が走る中、〈難民五輪選手団〉への参加がおぼつかなかったサラーは、ホッとしました。筆者ともども、〈難民五輪選手団〉入団に向けて努力しようと、思いを新たにしました。

西サハラ難民政府スポーツ大臣からトマス・バッハIOC会長と森喜朗TOCOG会長に宛てた、サラー難民アスリートの推薦状

1　難民アスリートのアマイダン・サラー

2 モロッコ占領下の西サハラで育つ

　アマイダン・サラーは、モロッコ占領地・西サハラに生まれた難民アスリートだ。

　アマイダン・サラーは呼び名で、戸籍名はハマトウ。サラー・エッデイーンという。

　「どうして呼び名を変えたの？」と聞いたら、彼は「僕の西サハラ人としての呼び名は、アマイダン・サラー・エッディーンだ。一方、僕の戸籍名は、ハマトウ・サラー・エッデイーンとなっている。僕はモロッコ占領下で育ったからね。占領当局は僕たちの家名を変えてしまった。それでハマトウが僕の苗字にされたのだ。僕は、ハマトウと呼ばれたくない」と、答えた。占領に逆らうサラーは、1936年ベルリン・オリンピックのマラソンで日本代表として出場し優勝した、孫基禎選手を彷彿とさせる。朝鮮（現在の韓国）の孫選手は当時の占領国日本に抗し、サインには〈Japan〉ではなく〈Korea〉と書いたそうだ。

　サラーの祖国西サハラは、アフリカの北西端にあり、西は大西洋に面していて1,200kmの海岸線がある。北はモロッコ、北東はアルジェリア、東と南はモーリタニアに、国境を接している。西サハラは国連憲章と国連決議により、非自治地域（植民地）と指定されている。一方、モロッコは西サハラを〈モロッコ・サハラ〉と呼ばせ、モロッコの領有権を主張している。が、その領有権を1975年に国際司法裁判所がハッキリ、否定した。国際法に従えば、西サハラ領海や西サハラ大地は西サハラ住民の物で、西サハラの漁業資源や鉱物資源に他国が手を付けてはいけないことになっている。しかし、モロッコはその資源にバッチリ手をつけて、魚を盗るは、リン鉱石を盗るは、地下に眠っている石油天然ガスまでも盗ろうと企んでいる。その上モロッコは、美しい西サハラの海岸を新興リゾート地に仕立て上げた。つまりモロッコは、西サハラの観光資源にまで魔手を伸ばしているのだ。

　さらにモロッコは、西サハラの大地を北から南へ分断する〈砂の壁・

地雷防御壁〉を作った。こうしてモロッコは、大西洋岸を含む五分の四の豊かな西サハラを占領し、西サハラの人々を分断してしまった。

　残り五分の一は殆どが不毛の砂漠で、定住民はおらず遊牧民が移動生活を送っている。大部分の西サハラ人は国境を越えたアルジェリアにテントを張り、約45年間、難民生活を続けてきた。西サハラ人民を代表するSADR（サハラウィ・アラブ民主共和国）は、アルジェリアの西サハラ難民キャンプにあり、西サハラ難民軍ポリサリオ戦線を配備し、残り五分の一の西サハラ砂漠を仕切っている。

　モロッコ占領地・西サハラには約10万人の西サハラ被占領民、西サハラ難民キャンプには約17万人の難民、その他砂漠の遊牧民や海外の難民を合わせて、総計約30万人の西サハラ人が心を一つにして祖国西サハラの完全独立を目指している。一方、西サハラを占領支配するモロッコは、約14万人のモロッコ人を入植させ、約16万人のモロッコ兵を占領地に展開させている。但し、モロッコはその数を明らかにしていないので、人数は推測だ。

　モロッコ占領当局から虐められた西サハラ青年の中には、2,000km以上はある砂漠を踏破し、西サハラ難民キャンプへ脱出しようとしたのが少なからずいる。が、その大部分は地雷やモロッコ兵や砂漠の酷暑の犠牲になり、難民キャンプに辿り着けなかった。

　サラーの場合はちょっと違う。サラーは〈走る〉という武器を持っていた。その武器を縦横に使って、モロッコ占領地、モロッコ本土、フランス、他のヨーロッパ諸国、と走り続けてきた。そんなサラーでも、〈砂の壁・地雷防御壁〉を越えて陸路でアルジェリアの西サハラ難民キャンプに住む親戚を訪ねることはできない。一万人を超えるモロッコ兵が〈砂の壁・地雷防御壁〉の要所要所で、睨みを利かせているからだ。

　今、サラーは、東京オリンピック・パラリンピックで走ろうと、企てている。と言っても、西サハラはIOC（国際オリンピック委員会）に参加していないから、西サハラの旗を掲げてオリンピックに参加することはできない。サラーは、〈難民五輪選手団〉の一員として、オ

リンピック出場を目指している。世界には 7,000 万人以上の難民がいる。その人々にも地球の仲間としてオリンピックを体感してもらおうと、2016 年リオ・オリンピックで〈難民五輪選手団〉をトマス・バッハ IOC 会長が結成した。東京オリンピック・パラリンピック組織委員会の森喜朗会長も難民五輪選手団結成に意欲的だ。

　2021 年東京オリンピックの時は。サラーは 39 才になっている。
　既に〈難民五輪選手団〉の一員であるヨナス・キンド（エチオピア）は、42 才で東京オリンピック・パラリンピックのマラソンに出場する予定だ。難民仲間としてマラソンでドッキングしないよう、サラーは 5,000m か 10,000m の出場を考えている。

　美男子難民アスリートの走りが東京オリンピック・パラリンピックで見られますように…。

フランスのレースでラストスパートをかけたサ
ラーが先頭を追い抜く瞬間

第Ⅰ話

走りの天才
シドニー五輪の前年に逮捕される

2008年2月26日、西サハラ難民キャンプの一つスマラキャンプで、裸足のランナー・サラー

1 サラーが誕生した 1982 年

　2020 年 5 月 14 日、アマイダン・サラーから「僕のドキュメンタリー
が出来た！」と、メールが入った。27 分 4 秒の映像はスペイン語で、「ス
ペイン語では日本人に見てもらえないよ」と返信したら、翌日の 5 月
15 日、「英語とアラビア語のスーパーが入ったのを、ユーチューブに
立ち上げた」と、返ってきた。見ました！　スペイン語やアラビア語や、
英語に強くなくても、サラーの綺麗な走り姿と、モロッコ占領地でぶっ
叩かれる西サハラ被占領住民の痛々しい姿は、胸を締め付ける。演出、
シナリオ、制作は、スペイン人のガルシア兄弟が担当し、西サハラ難
民キャンプにある SADR（サハラウィ・アラブ民主共和国）テレビと
か西サハラ難民スポーツセンターが資金援助している。
　2013 年には、エジプト系パレスチナ人のサイード・タジ・ファルー
キが。「ランナー」と題するサラーのドキュメンタリー映画を作り、
2017 年にユーチューブで公開した。その他、様々なサラーの走る映像
を見ながら、〈サラーの走る半生〉は、まさに、西サハラ難民の〈象徴〉
西サハラ独立運動の〈象徴〉だと痛感した。そして、〈象徴〉と呼ば
れる事を嫌うシャイなサラーに怒られるかもしれないけれど、サラー
に西サハラの人々を併走させて、語っていこうと、思った。

▌三国秘密協定

　1982 年 4 月 13 日、サラーはモロッコ占領地・西サハラの首都・ラユー
ンで生まれた。

　西サハラの悲劇は、サラーが生まれる 7 年前の 1975 年、11 月 14 日
に結ばれた〈スペイン・モロッコ・モーリタニアの三国秘密協定〉別
名〈マドリード秘密協定〉に始まった。当時の西サハラ植民地支配国
スペインは、国連にも西サハラ住民にも通告せず、勝手に北をモロッ
コに南をモーリタニアに分譲してしまった。かくして両正規軍の挟み
撃ちに会った西サハラ住民は、北のアルジェリアに逃げ込み、以来今

日まで44年にわたる難民生活を送る事になる。一方、逃げ遅れた西サハラ住民はモロッコの占領下で虐げられた被占領の生活を強いられることになる。サラーの一家は、「逃げ遅れ組だ」と、サラー自らが語っている。

　ユダヤ系イエメン人外交官、フセイン・バハミド・アルハドラミ博士が、2020年5月29日に〈ヌールッデイーン〉（モーリタニア・ウェブ・ニュース）で、〈三国秘密協定〉の内容を明かした。フセイン博士は、「国連決議とICJ（国際司法裁判所）が、モロッコの西サハラ領有権を認めていない」と、断言した。さらにフセイン博士は、「スペインは、①鉱物資源の36％、②恒久的な漁業権、③北モロッコにあるセウタとメリジャのスペイン飛び地領土、この3点と引き換えに西サハラを分譲した。この闇取引は、パレスチナの〈バルフォア宣言〉によく似ている」と、結論づけた。

　ちなみに〈バルフォア宣言〉とは、イギリスのバルフォア外相がそれまでの書簡や協定を無視し、ユダヤ人に対して、パレスチナ人の土地にイスラエル国家建設を認めた〈1917年11月2日の宣言〉を指す。フセイン博士は、〈バルフォア宣言〉がパレスチナ悲劇の元凶であったように、〈三国秘密協定〉が西サハラ悲劇の元凶だとしている。「イスラエルに亡命したモロッコ系ユダヤ人とフランスの後押しで、モロッコの占領が今に至るまで続いているのだ」と、フセイン博士はモロッコとイスラエルの長い付き合いを強調した。〈三国秘密協定〉に加担したモーリタニアは1979年に自国軍を撤退させ、ポリサリオ戦線と和平を結んでSADR（サハラウィ・アラブ民主共和国）西サハラ難民政府を承認した。こうしてスペインとモーリタニアが西サハラから退却した後、モロッコ一国が西サハラ侵略を続けている。

　〈三国秘密協定〉の主謀者カルロス・スペイン皇太子（当時）はその後、どうなったか？　フアン・カルロス・アルフォンソ・ビクトル・マリーアは、〈三国秘密協定〉締結6日後に死去した独裁者フランコ将軍を継ぎ、1975年11月22日にスペイン国王となった。その後、派手好きなカルロス・スペイン国王はアフリカ動物狩猟や不倫や汚職やサウジアラビア鉄道建設収賄などなどのスキャンダルにまみれ、息子のフィリップに王位を譲渡した。そして、2020年8月7日、最高裁判所の

喚問を避け自家用ジェット機でUAE（アラブ首長国連邦）に逃亡し、今に至っている。西サハラ難民政府は元国王に損害賠償を要求しないのだろうか？…。

　サラーが生まれた1982年頃のモロッコ占領地・西サハラには、西サハラ住民と多数のモロッコ兵がいて、モロッコ人入植者の数は少なかった。山岳民族のモロッコ兵はアトラス山脈から、占領した首都ラユーンや古都スマラなどのオアシスを中継点にして、西サハラ砂漠のド真ん中に送り込まれた。対戦相手は、サハラ砂漠を知り尽くした〈砂漠のゲリラ。ポリサリオ戦線難民軍。モロッコ軍は戦車150台、装甲車652台、兵員輸送車770台総兵力141,000人。年間軍事費1,510,000,000$（約1,638億円）をフランスとアメリカが援助をしていた（参照：1982年ストックホルム国際平和研究所）。対するポリサリオ戦線難民軍は？当てにしていたリビアのカダフィは、リップサービスだけで実質的な軍事援助はしてくれない。難民キャンプの大家であるアルジェリアの武器援助も、米仏のモロッコ軍事援助に比べれば微々たるものだった。数千人にも満たない難民軍は、ゲリラ戦法でモロッコ軍を急襲してモロッコの武器を略奪し、その盗品で戦っていた。盗品の武器は今も難民キャンプにある武器博物館に保管されていて、何時でも使えるように磨かれている。一方、山岳民族のモロッコ兵は砂漠を知らないだけではなく、何のために戦うのかという大義名分がないので、戦闘意欲に欠ける。そこでモロッコは高額で購入した戦闘機を飛ばした。しかし、広大な人影のない砂漠にナパーム弾やクラスター弾を落としても効果はなく、砂漠戦争で消耗していったのはモロッコの方だった。

■ パレスチナ VS イスラエル＝西サハラ VS モロッコ

　サラーがまれる2年前の1980年8月、モロッコはしぶといポリサリオ戦線の攻撃を食い止めるため、イスラエル軍の技術者と専門家に提案されて、彼らの指導の下に〈砂の壁〉と呼ばれる〈地雷防御壁〉の建設に取りかかった。

　サラーが生まれた1982年の6月には、〈砂の壁〉第一期工事が完成した。

完成した500kmの第一期〈砂の壁〉は、占領首都ラユーン港と古都スマラ・オアシスとリン鉱石鉱山があるブクラの防衛が目的だった。西サハラ唯一の鉱物資源と積み出し港を確保でき、モロッコは安堵した。〈砂の壁〉〈地雷防御壁〉は、瓦礫を2〜3mの高さに積み上げて作った壁だ。壁の東、西サハラ難民政府・ポリサリオ戦線解放区側に約50mの巾で、モロッコは地雷を埋めた。西サハラ難民キャンプの武器博物館には、信管を抜いたアメリカ製やフランス製や旧白人南アフリカ製に交じって、イスラエル製の地雷がたくさんあった。

　同じ1982年に、イスラエル軍はレバノン侵攻を開始し、8月21日から30日にかけ首都ベイルートに拠点を置いていたパレスチナ解放機構PLOを追放した。アラファトPLO議長以下、NO2のアブ・ジハード夫妻を含むパレスチナゲリラは、アルジェリアへ550人、イラクへ135人、ヨルダンへ665人スーダンへ500人、シリアへ6,330人、イエメンへ2,000人、チュニジア1,076人と、散っていった。が、9月16日から18日にかけて、庇護者を失ったベイルートにあるサブラとシャティーラの両パレスチナ難民キャンプでは、イスラエル軍がキャンプを閉鎖し、レバノン右派キリスト教民兵が何千人というパレスチナ難民を大虐殺した。しかし、パレスチナ人民の抵抗の熾火は燃え続けた。

　1987年12月6日、パレスチナのイスラエル占領地ガザにあるジャバリア難民キャンプでイスラエルのローリー車がパレスチナの乗用車2台をなぎ倒し、4人を殺し4人に重傷を負わせた。それをきっかけに、子供たちも参加するインティファーダ（人民蜂起）が一気に再燃した。チュニジアの首都チュニスにあるPLO本部から、アブ・ジハードは祖国パレスチナのインティファーダを指導する役目を担っていた。翌年の1988年4月15日午前一時、チュニス近郊のリゾート地に、イスラエルのフロッグマン部隊が上陸した。部隊はアブ・ジハード邸の電話回線を壊し一階の護衛を消音ピストルで射殺する。その間、4人の突撃隊が、二階で祖国パレスチナから送られてきたインティファーダのビデオを見ていたアブ・ジハードに75発の銃弾を浴びせた。応戦しようと拳銃を掴んだアブ・ジハードの右手はボロボロに千切れていた。

　イスラエルはインティファーダ指導者を抹殺したからインティ

ファーダは治まると、たかを括っていた。が、インティファーダの火は治まるどころか、現在に至るまで燃え続けている。

■ インティファーダの子供たち

　「大人は太り過ぎて走れない。僕らは軽くて敏捷だし、逃げ足が速い」と、パレスチナの子供3人は、インティファーダのニュースを見ながら自慢した。サーミフ（男の子13才）サハル（女の子9才）ラナー（女の子14才）の子供たち3人は、〈パレスチナ子供絵画展〉のために来日し、筆者は一か月間彼らと教会の空き家で合宿をした。確かに、機敏で乱暴なくらい活発で…　ただ一つ、水洗便所を知らない難民の少年が使用済みのトイレットペーパーをトイレの隅に置く癖が抜けなくて、おうじょうした臭い思い出がある。

　「その頃の子供たちは、二つの理由で走った。一つはポリスから逃げるため、もう一つは、ポリスに石を投げる先陣争いのためだった」と、サラーはモロッコ占領地・西サハラでの子供時代を語る。

　「俺は、ガキの頃からメチャ速かった。一回だけ、追いつかれて取っ捕まったことがある。子供だからって、モロッコのポリスは容赦してくれなかった」と、サラーの弟アバチカが、カメラに向かって喋った。「俺は、馬鹿にされたり虐めにあったりしたら、黙っていられない性分だ。人がやられているのを見るのも嫌だ。敵がポリスだろうが囚人仲間だろうが、許せないことは許せない」と、腕をまくって生々しい拷問の後をカメラに見せた。「誰にやられたんだ？」と、インタビューアーが聞いた。「今、出獄したばかりだ。監獄の中で騒動があったんだ。囚人仲間にやられた。喧嘩のやり方を覚えたのも檻のなかだ」ケロっと答えた。

　惚れ惚れする、子気味の良い若者だ。

　今のように、ソーシャルネットワークなど発達していない。北アフリカの子供たちが中東の子供たちに連帯して占領軍に石を投げたわけではない。夫々が夫々の占領者に向かって、自発的に石を投げたのだ。

　1987年はパレスチナ・インティファーダの年だった。そして、同年4月に西サハラではモロッコの第6期工事が終わり、〈砂の壁〉地雷防

御壁が完成した。北から南へ西サハラを縦断する 2,500km 600 万個の地雷防御壁は、完全に西サハラの人々を分断してしまった。モロッコはもうポリサリオ難民軍に悩まされることはないと、安心した。

　そして地雷の檻の中で、モロッコ占領当局は西サハラ住民に対して、残虐行為を繰り返す。しかも、パレスチナと違ってモロッコ占領地・西サハラには西サハラ住民を守る国際監視団がいない。モロッコはやりたい放題に暴れまくっている。

　「占領されることを厭う虐げられた人々は、抵抗する。当たり前のことだ」と、蔑まれる事をよしとしないサラーは、さりげなく自分が出演したドキュメンタリー映画で語っている。血気盛んな弟は、西サハラの方言であるハッサニーヤでまくし立てる。この対照的な魅力あふれた二人のインテイファーダ兄弟は、モロッコ占領地・西サハラの現実を世に人に知ってもらうため。様々な取材に応じている。

西サハラ難民キャンプ放送局のインタヴューに答え、生い立ちを語るサラー

2 　少年、モロッコ・ランナーをぶち抜く！

　突然、コースに入ってきた子供がプロのランナーを次々と追い抜いていく、アフリカのマラソン・ロードレースではよく見る光景だ。訓練しなくても、速い子は速い！

■ サラー 10 才の頃（1992 年）

　「僕が 10 才の頃、ラユーンの外れを友だちと歩いていたら、マラソンの集団に出くわした」　サラーは生まれて初めて〈走る人々〉を見た。いい大人がランニングとパンツという、殆どヌード姿で、息も切れ切れに走っているのだ。脇腹を押さえて歩き出すのもいる。へたり込むのもいる…　疲労困憊の集団は、サラーたち子供にとって奇妙にしか映らなかった。

　走る集団を追ってきた自転車の男が、「ゴールはハッサン二世広場だ！」と、サラーたちを促した。サラーたちは歓声を上げて、〈走る集団〉を追いかけた。友達は途中で歩き出したが、サラーは〈走る集団〉に追いつき追い越した。

　首都ラユーンの中心にあるハッサン二世広場には、〈走る集団〉を迎えるモロッコ人とモロッコ兵とモロッコ警察がいた。そこに、普通の格好をした占領民西サハラの男の子が入ってきた。驚きはしたが、モロッコ人たちは面白がって男の子を拍手で迎えた。

　「僕たちはレースで走ることなんて、全くなかった。が、レースに参加してみようということになった」と、サラーは生まれて初めての〈走る〉挑戦を語る。モロッコ臣民は、スポーツ好きのハッサン二世国王（当時）を喜ばせるにはスポーツが一番と思っていた。海外でモロッコ選手が賞を取ると、国王自らが凱旋者を迎えて祝福を与えた。モロッコ占領地西サハラでも、モロッコ兵、モロッコ警官、モロッコ入植者たちの間で、スポーツ、特にロードマラソンが奨励されていた。

　モロッコ占領当局が主催するマラソン大会は、7 月 9 日のハッサン二世・モロッコ国王誕生日を祝して行われた。ラユーンの中心・ハッ

サン二世広場が出発点で、モロッコ人入植者の臨時テント村を折り返し、ハッサン二世広場に戻ってくる。約40人の大人のランナーたちに交じって、数人の子供たちが、モロッコ兵の実弾入りピストルを合図にスタートを切った。広場を出ると、舗装されたハッサン二世通りに出る。ハッサン二世モスク、ハッサン二世小学校… 新しく建てられたモロッコ占領当局の建物は白塗りで、そのすべてにハッサン二世の名前がつけられていた。大人のランナーは、軍人、警官、公務員といったモロッコ人たちで、モロッコ旗を付けたランニングシャツとモロッコ象徴の赤いパンツで決めていて、マニュアル通りのマラソン・スタイルで走った。西サハラ占領民の子供たちは、いつものシャツに半ズボン。子供たちは、始めて目にするラユーンのモロッコ式街並みに、キョロキョロと見回しながら観光気分で中心街を抜けた。普段は西サハラ被占領民地区に隔離されていて、滅多に繁華街へ来ることなどなかったのだ。白い建物が途切れると舗装道路も終わり、ラフな一本道が折り返し点のモロッコ人入植者テント村に導く。この年1992年にモロッコ帰属か西サハラ独立かを人民が決める、二者択一の国連西サハラ人民投票が行われる予定だった。人民投票を受け入れたモロッコ王ハッサン二世は、モロッコ帰属を選ぶ住民を増やすため、たくさんのモロッコ人を西サハラに送り込んだ。入植したモロッコ人たちは臨時のテント村で、住宅の完成を待っていた。白くて屋根が三角錐のモロッコ風テントは、西サハラ難民が住む布製の簡易テントとは違って、丈夫で暑さ寒さに耐え、居心地が良い。折り返し点のテント村に住むモロッコ人入植者たちは、マラソン参加者たちを拍手で迎え、夫々に水を配った。モロッコの子供ではない西サハラの子供ランナーを見た入植者たちは、いささか驚いたが、「頑張れよ！」とモロッコ訛りのアラビア語で激励し、ペットボトルの水をくれた。1992年のこの頃、国連西サハラ人民投票を待つラユーンには、束の間の平和が訪れていた。

　折り返し点を過ぎると、観光に飽きたサラーは、全速力で先頭集団を追いかけた。一人、二人、三人、四人、五人とごぼう抜きをし、あと一人のところでテープは切れなかった。

　「みんな僕より年上だったけど、僕は二等賞を取った。これが僕の〈走

る人生〉の始まりだ」と、サラーは語る。

■ サラー 12 才、モロッコ・ナショナル・チームからお誘い

　サラーがモロッコ占領地・西サハラで走り出した前年の 1991 年、モロッコ国王ハッサン二世とポリサリオ戦線西サハラ難民政府代表が国連事務総長デクエヤルの和平提案を受け入れた。1975 年から 16 年間にわたり西サハラ砂漠で戦闘を続けてきた両当事者は、停戦した。1991 年 4 月 29 日、国連安理決議 690 号が出され、住民投票を行うためにMINURSOが設立された。MINURSO ミヌルソ（国連西サハラ人民投票監視団）の目的は

　1. 停戦の監視および両軍の配置の確認
　2. 政治犯の釈放
　3. 難民などの故郷帰還の支援
　4. 人民投票の有権者の確定および人民投票の実施

と明記されていた。1992 年に独立かモロッコへの帰属かを決定する人民投票（MINURSOの目的 4 番目）を行う予定だった。が、行われなかった。そして、未だに行われていないのだ。他の 3 項目も、全く手を付けられていない。

　もともと、モロッコやアルジェリアなどマグレブと呼ばれる北アフリカの人々は、運動能力に長けていてオリンピックのメダルを競っていた。モロッコ人もハッサン二世もスポーツ好きだ。ハッサン二世はそんなモロッコ人気質を利用し、なおかつ、王の威厳を高めるため、スポーツに金をつぎ込んだ。目標は 2000 年のシドニー（オーストラリア）オリンピックだった。そして、将来のオリンピック選手発掘のため、アトラス山から砂漠の占領地・西サハラにいたるまで、スカウトを派遣した。

　「12 才、1993 年、僕が初等学校を終えた頃のレースの後で、モロッコ・ナショナル・チームに所属してみないかと、一人のスカウトが僕に声をかけてきた。彼は僕の個人情報を聞いた。そして父に、チーム入団の条件を、こと大袈裟に誇張して並べ立てた。僕は、彼が宣伝する有利な条件に動かされたわけではない。が、この〈申し出〉に応じた。

なぜなら、それは、唯一、僕が〈走り〉を続けられる道だったからだ」と、サラーは〈12才の決意〉を語る。父親もこの〈申し出〉を受け入れた。父親も、〈いい条件〉だったから受けたわけではない。断ったら、家族全員が酷い仕打ちに襲われるからだ。モロッコ占領当局の〈申し出〉とは、西サハラ被占領民にとって〈命令〉なのだ。

　サラーの父は不帰順魂を持つ西サハラ遊牧民だ。その血を引くサラーも、父と同様に尾っぽを振ってモロッコに靡いたわけではない。

■ サラー 13 才、1995 年にモロッコの首都ラバトへ

　「僕がモロッコの首都に移り住み、国際試合でモロッコ国王の代表として参加するようにと、モロッコ占領当局は家族を説得した」と、サラーは語る。「僕は、モロッコに行きたくなかった。僕の生まれ故郷にいたかった。だけど、モロッコ占領当局は家族を脅し、父が首を縦に振るまで引き下がらなかった」〈被占領民は国王の奴隷〉と決めつけてかかるモロッコ当局者を、サラーは非難した。

　「僕が政治意識に目覚めたのは、皮肉なことに、この嫌々入った〈モロッコ・ナショナル・チーム〉でだった。差別主義のモロッコ人は、半面教師だった」と、サラーはモロッコ首都ラバトでの合宿生活を、苦々しく回想する。「僕は、一目で、西サハラの首都ラユーンとモロッコの首都ラバトでは、軍隊と警察の態度に大きな違いがあると気付いた。ラユーンの軍隊や警察は普段からデッカイ面をして威圧的で、何かと被占領民の僕たちに挑発を繰り返えす。が、ラバトでは、モロッコ住人に軍隊や警察が威嚇し脅迫してくるという、恐怖の日常性はなかった。また、僕は、西サハラ人とモロッコ人の、日常生活での違いにも気づいた。モロッコのクラスメートたちが喋るモロッコ方言は、同じアラビア語でも僕のと全く違うんだ。4年間の訓練合宿で、〈モロッコ人とは全く異なる西サハラ人〉としての自覚が、僕の中で日に日に強まっていった」。

　1995年頃のラバトは、元モロッコ植民地宗主国・フランスのおかげで、白いお洒落なビルが立ち並ぶ都会だった。モハンマド五世大通りにあるカフェテリア・バリマでは、ラバトっ子たちがビールを飲みながら、フランス演劇論をパリジャン気取りで楽しむ。禁酒が掟のイス

ラム教国なのに…　休日も金曜日ではなくヨーロッパ風に日曜日だ。路上で物乞いをする人々や観光客を襲う子供スリ集団を目にしなかったら、フランスの地方都市にいるような錯覚に襲われる。

　一方、1995年頃の西サハラ難民キャンプは、今とたいして変わらない。1975年に西サハラから逃げてきた約16万の難民（当時）は、国連が約束しモロッコ国王ハッサン二世も受け入れた〈国連西サハラ人民投票〉に夢を託し、国際社会の援助物資で命を繋いでいた。

　1995年、サラーはモロッコという敵国に入り、以降、思いっきり〈差別〉という不条理に振り回される。強者である〈差別者〉は、弱者である〈被差別者〉の無念さと屈辱感に思いを馳せることなど、全くない。一方、〈被差別者〉は、差別がなくなるまで叫び続ける。アメリカの黒人然り、パレスチナ人民然り、西サハラ人民然りだ。

未来のサラーを目指す西サハラ難民アスリートたち。サラーはどこに？

3　血染めの旗のために走った？

「僕は数々のレースで、血に染まった旗のために勝たねばならなかった。その旗とは、かって数万人の西サハラ人をナパーム弾でなぎ倒し、さらに、約10万の西サハラ住民を砂漠に放り出した、モロッコ国旗のことだ！」と、サラーはモロッコのために走らなければならなかった〈ハイティーン時代〉を苦々しく回想する。

ちなみに、モロッコ国旗は、深紅の真ん中に緑の五芒星（悪魔の象徴とも言われる）が配置されている。一方、西サハラ国旗は、汎アラブ色の黒・白・緑・赤に、イスラム教の象徴である三日月と星を組み合わせてある。

■ モロッコ・ナショナル・ランニング・少年チームの合宿生活４年間

「モロッコ首都ラバトの普通のモロッコ人たちは、ごく普通に僕と付き合ってくれた。むしろ、僕を〈サハラっ子〉と呼び、遠い南から来た子供として受け入れてくれた」と、サラーはモロッコ・ナショナル・ランニング・少年チーム４年間の学校生活を語った。抜群に足が速くしかも勉強のできるサラーに、同級生も一般教科の先生方も一目置いていたようだ。一目も置かず問題児扱いをしたのは、国営スポーツセンターのお偉方だった。「スポーツセンターの上層部は、子供の僕を不穏分子のように差別した。僕が訓練を受けていたスポーツセンターの長は、モロッコ国王、王室高官、警察長官と直結する人物で、スポーツ界も牛耳っていた。彼らは平素から、僕がチームメートに、モロッコと西サハラの紛争に関する話をしていないかと、探りを入れていた」と、サラーは特別保護観察下にあったことを明かす。しかし、サラーの話から、いかにモロッコ国王がスポーツに入れ込んでいたかが伺えるし、と同時に、モロッコスポーツ界がサラーに期待をかけていたことも容易に推察できる。「モロッコの王室高官と繋がっているトレーナーたちは、モロッコ訛りのアラビア語で話しかけてきた。最初のうち何を言ってるのか分からなかった。僕は正則（文語体）アラビア語

23

で行儀よく対応したが、彼らは正則（文語体）アラビア語が気に入らなかったようでヒステリーを起こし、僕にモロッコ訛りを押し付けようとした」と、サラーは言葉の差別を語った。サラーはモロッコ方言に、あくまで正則（文語体）アラビア語で逆った。トレーナーたちはサラーに〈生意気で反抗的なガキ〉というレッテルを貼った。

　可愛い少年ランナーチームは、よくパーティーなどの余興に借りだされた。外交官や王族などが居並ぶ席で、「モロッコの新星サラーだ〜〜！」と、トレーナーたちがモロッコ訛りで紹介すると、サラーは「ショコラン・ジッダン（まことにありがとうでございます）」と、正則（文語体）アラビア語で答える。いくら注意されても、サラーは言葉遣いを直さなかった。

　根負けしたトレーナーたちやモロッコのメディアは、「モロッコ・サハラからきたサラー」と、紹介するようになった。〈モロッコ・サハラ〉とは、モロッコ当局が〈西サハラ〉につけた地名だ。「トレーナーたちは僕に、モロッコの慣習にも従うようしつこく迫った。僕たち少年チームがパーティーに呼ばれた時など、モロッコ人の同級生は、お偉いさんの腕にキスをするんだ。西サハラ人にそんな習慣はない。僕は礼儀正しく握手をするだけだった。が、それがまた、トレーナーたちの気に障ったようだ。仮にモロッコ国王が僕の前に来ても、彼の腕にキスなどしない。なんで、そんな事をしなければならないんだ！」と、サラーはいまいましく吐き捨てる。トレーナーの手綱を次々に断ち切るサラーは、ことごとく物議を醸した。

■ モロッコ選手として故郷西サハラで走る

　モロッコ・ナショナル。ランニング・少年チームの４年間は、陸上競技を中心に、一般高校（フランス式）と同じようなカリキュラムが組まれていた。６月に終業式が済むと、サラーはトレーナーから受け取った航空券を握りしめ、カサブランカ国際空港から故郷ラユーンへ、モロッコ王国機で飛んで帰った。ラバトの学校と同様に故郷の実家でも、サラーは常にモロッコ警察に監視されていた。「故郷ラユーンの生活は、占領下の毎日だ。誰もが監視下にあり、何もかもがコントロールされている。住人には行動する自由がない。占領当局の命令に従う

しかない」と、サラーは完全管理社会のモロッコ占領地生活を語る。
モロッコ占領地・西サハラは巨大な監獄だった。それでもサラーにとっ
て約３か月間の休暇は、家族の懐に潜り込んで最高に幸せな時だった。

　モロッコ占領当局は、サラーの休暇帰郷に合わせてマラソン大会を
開いた。モロッコ本国の首都ラバトで訓練するサラーは地元のアイ
ドルだった。ハッサン二世広場を出発し戻ってくるというコースは、
1993年にサラーが生まれて初めてマラソンとやらに参加した時と、変
わらない。ただし、折り返し点のモロッコ人入植者キャンプは、テン
トに代わって年々住宅が増えていく。ハッサン二世モロッコ国王は国
連西サハラ人民投票をズルズル延ばせるだけ延ばして、その間に出来
るだけモロッコ人入植者を増やし、人民投票ではモロッコ帰属を入植
者たちに選ばせようとする、選挙操作をした。サラーは毎年、故郷の
マラソンに参加し、トラックレースでの優勝も入れると15個以上の
優勝杯をものにした。

　1998年1月末、サラーはモロッコ・ナショナル・ランニング少年チー
ムの寮で、チームメートと一緒に断食月の行をしていた。昼間は飲食
が禁じられていても、日が沈むと飲めや食えやのお祭り月で、サラー
はみんなで楽しく断食月を過ごしていた。

　同じ断食月の末頃、SJJA（サハラ．ジャパン．ジャーナリスト．ア
ソシエーション）と筆者はアルジェリアのオラン港で、輸送船マース
クの到着を待っていた。一か月前の1997年12月21日に神戸港から、
西サハラ難民援助薬品の大型コンテナ一個を送り出していた。兵庫日
赤から頼まれた阪神大震災援助薬品の一部、約1,000万円相当の医療
品を満載したコンテナは、オラン港から他の援助トラックとコンボイ
を組み、山賊が横行する雪のアトラス山脈を越えサハラ砂漠に入る。
全工程約2,000kmを走破し、アルジェリア西端の軍事基地ティンドゥ
フに着く。そこからさらに約50km、砂漠の奥深く入った所にある西
サハラ難民政府センターで、援助トラックはエンジンを止める。

　2月に入り積み荷の確認をした後、SJJAの日本人グループは、飛
行機でオランからティンドゥーフに先乗りした。当時のアルジェリア
では外国人の陸路移動が禁じられていたため、コンボイに同行できな

かったからだ。この頃のアルジェリアは、選挙での圧勝を無効にされたイスラム主義者と選挙結果を無効にした世俗主義の臨時政府の間で、内戦が続いていた。欧米人が襲われる事件が相次ぎ、アルジェリア臨時政府は戒厳令を敷いていた。

■ 北アフリカ陸上競技選手権大会で5,000m第二位！

　1998年2月、オランから飛んできたSJJAを待っていたかのように、ミヌルソMINURSO（国連西サハラ人民投票監視団）の活動や西サハラ人認定作業などが始まった。モロッコの拒否で1991年から延び延びになっていた〈国連西サハラ人民投票〉が、1998年末に行われることになったからだ。それでも人民投票に反対するモロッコは、人民投票など幻想に過ぎないと決めつける。モロッコは、遊牧民はどこにいるのか分からないから、名簿作りも不可能だと言う。しかし、こうして遊牧民も難民もみんな登録した、1998年の認定作業などの記録は、MINURSOの金庫に今も保管されているのだ。

　1998年、16才の高校生サラーは、カサブランカで行われた全モロッコ陸上選手権の・クロスカントリーでプロランナーを抑え優勝した。大喜びしたのはモロッコ・ナショナル。ランニング・少年チームのトレーナーたちで、「これからも頼むぞ！」と、サラーの体を抱きしめた。自分たちが指導するランナーが好成績を上げると、特別ボーナスが貰えるからだ。サラーは、「ショコラン、ジッダン（まことにありがとうございます）」と、短く答えた。

　そして、ラバトで行われた1998年北アフリカ陸上競技国際選手権大会の5,000mにモロッコ代表として、16才のサラーが選抜された。当時のモロッコ中長距離界には、ハリド・ブーラミとブラヒム・ブーラミ兄弟やヒシャム・エルグルージという名選手がいた。ハリド（1969年生まれ〜）は1996年アトランタオリンピック5,000mで銅メダルを獲得し、1997年福岡IAAFグランプリファイナル（2002年まで開催されていた陸上競技年間王者決定戦）5,000mで優勝した。弟のブラヒムは、1,000m障害の世界記録保持者だった。ヒシャム・エルゲルージ（1974年生まれ〜）は、1,500mと2,000mの世界記録保持者だ。世界陸上選手権やオリンピックなどで、12個の金メダル、4個の銀メダル、

３個の銅メダルを獲得している。モロッコの英雄だ。

　そんな強豪がひしめくモロッコ中長距離陸上界で、16才のサラーは、初めて出た国際試合で二着に入ったのだ！

　「その頃の僕は、チャンピオンになる事が目的だった。そして、オリンピック競技に出るのが、僕の夢だった」と、サラーは、スペインのゲルニカ紙レポーターやエジプトのドキュメンタリストたちを含め、様々なインタビューでハイティーン時代の夢を語っている。

　いつの時代でもどこのランナーでも、みんなが一度は抱く夢、それは、〈オリンピック競技で走ること〉のようだ。

３　血染めの旗のために走った

モロッコ国旗バイバイ、フランスのレースで
西サハラ国旗を手にゴールインするサラー

4　18日間の拷問地獄

　「1999年の10月、僕はモロッコ占領治安部隊に逮捕された。そして、18日間、拷問と尋問の毎日が続いた」と、サラーは痛々しい思い出を語る。

　サラーは、足の怪我を癒やすためモロッコ占領地・西サハラの実家に帰っていた。その時、職を求める西サハラ被占領民のデモに出くわし、治安部隊が撮っていたビデオに写っていたため、逮捕されてしまった。

■ サラー17才モロッコ占領警察に捕まる（1999年）

　1999年は、モロッコにとってもアフリカ大陸にとっても、そしてサラーにとっても、大変な世紀末だった。

　7月23日ラバトで、ハッサン二世（1929年7月29日ラバト生まれ）が亡くなり、同日、長男のサイディ・ムハンマド皇太子が国王に即位した。逝去直後に行われた世界陸上選手権大会1500で、スタートから独走を続けたモロッコのスーパースター・ヒシャムは、故ハッサン二世に敬礼を送りながらテープを切った。

　即位してから1991年に〈国連西サハラ人民投票〉和平案を受け入れるまでのハッサン二世は、反体制派の粛清を始めとして強固な独裁政治を布いた。それでも、国連人民投票を受諾した1991年には数百人の政治犯を釈放したり、モロッコ帰属か西サハラ独立かを決める二者択一の人民投票に向けて西サハラにモロッコ人入植者を大量に送り込んだりした。が、1998年から始まった西サハラ人民認定作業では、新モロッコ人入植者や新モロッコ占領兵士たちが投票人としての認定をされないと判断し、ハッサン二世は1998年12月にジェームズ・ベッカー国連事務総長個人特使とジョン・ボルトンが計画した、〈国連西サハラ人民投票〉を拒否した。

　1999年9月9日、リビアのシルトに集まった41人のアフリカ首脳は、カダフィー・リビア指導者の提案を呑んで、OAU（アフリカ統一機構）

をAU（アフリカ連合）に発展解消すると決めた。2002年7月、AU（アフリカ連合）はエチオピアのアジスアベバに本部を置き正式に発足した。現在、西サハラも含め、アフリカ全土55か国が参加している。

　1999年の秋口、足を痛めたサラーは休暇をとって、モロッコ占領地・西サハラの実家で養生をしていた。10月のある早朝、表戸を乱暴に叩く音でサラーの家族は目を覚ました。

　「開けろ～！」「出てこ～い！」と、叫ぶ声がこだまのようにサラー家の周りでも起こった。

　サラーの母が門を外すやいなや、ヘルメットを被りこん棒を持った数人のモロッコ治安部隊が乱入してきた。そして、トレーニング姿のサラーを引きずっていこうとした。サラーの母はその兵の手を掴んだ。横にいた一人の兵がこん棒で母の手を叩き、もう一人が母を蹴とばした。「母さん、大丈夫だよ！なんかの間違いだ。すぐ戻ってくるから…」と、サラーはうずくまる母に声をかけ、治安部隊に引きずられ護送車に投げ込まれた。

　モロッコ占領地・西サハラでは日常茶飯の逮捕劇だった。

■ サラー18日間、モロッコ占領警察で拷問地獄

　「毎朝目が覚めると、取調室という拷問部屋に連れていかれる。取り調べる前に、モロッコの拷問官は体のいたるところを殴った。こうして抵抗する気力を失くしておいて、モロッコ訛りのアラビア語で尋問をした」と、サラーはモロッコ占領警察での痛々しい拷問を語る。モロッコの拷問官は殴るのに疲れると、血だらけのサラーを、同じデモで逮捕した西サハラ人を収容する部屋に、ゴミのように投げ込んだ。狭くて窓もなく汗と血の匂いが沁み込んだ部屋で、会話を禁じられている仲間の西サハラ人たちは、ぼこぼこになった顔に笑みを浮かべ腫れあがった目で、「ご苦労さん」とサラーを労った。

　「最初に、僕の拷問官はデモのビデオを見せた。彼らは僕がモロッコ・ナショナル・ランニング・チームの赤い運動着を着ていたのをビデオで見つけ、デモから6日後に逮捕した。そして、何故、この運動着を着ているのかと、しつこく尋ねた。僕が、モロッコ・ナショナル・チームの一員だと説明しても、彼らは信用しなかった」と、サラーは、

思い出したくない記憶を辿る。拷問官は、サラーがナショナル・チームの運動着を盗んだのだと思い、まず、盗みの自白を迫った。「拷問官たちは、僕を18日間、殴り続け別の自白を強要した。それは、僕にポリサリオ戦線の一員であることを認めさせ、ポリサリオ戦線の知人を挙げるという密告の強要だった。僕は拷問官たちに、怪我を癒すためラユーンの実家に帰っていたら、デモに出くわしたのだと、繰り返した。やっと、僕の供述が警察の上層部に届き、モロッコ・ランニング・チームのディレクターがモロッコ占領警察に僕の釈放を求めてきた。そして、モロッコ人たちは僕に、ラユーンに残って裁判を受け監獄に入るか、ラバトに戻って新国王のために走るかを選択しろと、迫った。さらに、ラバトに戻れば今回のデモ参加はチャラにしてやるが、今後一切ラユーンに帰郷することは禁じると、モロッコ人たちは釘を刺した。僕も家族も、ラバト以外の選択肢はないと分かっていた」と、サラーは苦渋の決意を語る。

▌第27回シドニーオリンピック

　サラーがモロッコ占領警察で拷問された一年後の2000年9月15日から10月1日まで、オーストラリアのシドニーで第27回オリンピックが開催された。

　21世紀に入って最初のオリンピックは、話題が一杯の開会式を繰り広げた。第1回南北首脳会談が実施された直後の韓国と北朝鮮は、統一旗を掲げて合同入場行進を行った。インドネシアから解放されたばかりの東ティモールの選手たちは、オリンピックの旗を掲げて最後（開催国の前）に入場し、喝采を浴びた。東テイモールは西サハラと同様に〈国連人民投票〉で将来を決めることになっていた、そして、その人民投票が1999年8月30日に実施され、東ティモール人民は自ら独立を選んでいたのだ。さて、日本選手団は、〈虹色のマント〉を翻して意気揚々と登場した。虹色は、同性愛者をはじめとする〈LGBT（性的少数者）の象徴〉だ。「日本人選手は全員がLGBT当事者ではないか？」と、地元メデイアは書き立て、世界の同性愛者は大喜びした。

　この大会で虹色コートの日本選手団は、たくさんのメダルを獲得した。

　柔道では田村亮子が悲願の金メダルを獲得し、2大会連続金メダル
の野村忠宏をはじめ、井上康生や瀧本誠らが金メダルを獲得し、篠原
信一や楢崎京子が銀メダルを、日下部碁栄や山下まゆみが銅メダルを
獲得した。レスリングでは永田克彦が銅メダルを獲得した。マラソン
では、高橋尚子が日本の女子陸上競技として初の金メダルを獲得（オ
リンピック新記録）した。女子マラソン中継の平均視聴率が40%を超
えるなど日本中が盛り上がり、高橋選手に国民栄誉賞が授与された。
競泳では中村真衣（女子100m背泳ぎ）と田島寧子（女子400m個人
メドレー）が銀メダルを、中尾美樹（女子200m背泳ぎ）と中村真衣・
田中雅美・大西順子・源純夏（女子400mメドレーリレー）が銅メダ
ルを獲得した。

　シンクロナイズドスイミングでは、立花美哉・武田美保（シンクロ
ナイズドスイミングデュエット）と立花美哉・武田美保・藤井来夏・
神保れい・米田祐子・磯田陽子・江上綾乃・米田容子・巽樹理（シン
クロナイズドスイミングチーム）が銀メダルを獲得した。そして、ソ
フトボール女子で、石川多映子・田本博子・斎藤春香・増淵まり子・
藤井由宮子・山田美葉・伊藤良恵・松本直美・宇津木麗華・小林良美・
小関しおり・高山樹里・内藤恵美・安藤美佐子・山路典子のチームが
銀メダルを獲得した。テコンドーでは、岡本依子が銅メダルを獲得し
た。

　一方、モロッコ陸上選手団は、ヒシャム・エルゲルージが男子1,500m
で銀メダルを、ブラヒム・ラフラフィが男子5,000mで銅メダルを、アリ・
エッジンが 男子3,000m障害で銅 メダルを、ナズハ・ビドウアンが
女子400mハードルで銅メダルと、金メダルこそ取れなかったが、そ
こそこ活躍した。

　「シドニーオリンピックの頃には、モロッコ陸上界に偉大なランナー
がひしめいていて、年少の僕は選ばれなかった」と、サラーは語る。が、
シドニーオリンピックの前年に起きた逮捕の前歴が、選考を阻んだで
あろうことは容易に想像できる。

　サラーは、シドニー・オリンピックに参加できなかった。が、同じ
2000年にモロッコ・ケニトラ・クロスカントリー・ジュニア（19才以下）
3,000mに、そして、モロッコ・メクネス・ジュニア（19以下）3,000m

障害に、夫々優勝している。

　1999 年に東ティモールで占領国インドネシア（当時）が受入れ施行した〈国連人民投票〉を、どうしてモロッコは一旦受け入れた〈国連西サハラ人民投票〉の施行を阻むのだろうか？　それは、投票をすれば、人民は東ティモールのように独立を選ぶと危惧したからだと言われている。殊に、1990 年代半ばになって、西サハラ砂漠に石油。天延ガスなどの鉱物資源が確認されると、モロッコ国王は手段を問わず西サハラを確保することにしたようだ。

　トランプ米大統領に逆らって話題になったジョン・ボルトン前大統領補佐官（国家安全保障問題担当）は、当時の国連事務総長西サハラ特使ジェームス・ベーカーを助けて、1998 年に西サハラ人民選挙人認定作業を、2001 年に第 1 次ベイカー計画を、2003 年に第 2 次ベイカー計画を提案した。しかし、国連安保理も推薦した第 2 次ベイカー計画をも、モロッコは拒否した。そして、世界はイラク戦争に呑み込まれていき、ベーカーは 2004 年 6 月に国連事務総長西サハラ特使を退いた。このボルトンとベーカーの計画案は、西サハラ人民投票認定作業の書類ともども、MINURSO ミヌルソ（国連西サハラ人民投票監視団）の金庫に、保管されている。

アルジェリア国旗の付いた T シャツを着ていたサラーは、モロッコ占領地・西サハラの空港でモロッコ警察に逮捕された

第Ⅱ話

走りは武器
砂漠の民の「許されざる者」

2009 年、フランスのリヨン・マラソン大会の後、記
者会見に臨む

1 西サハラ国旗を掲げてゴールイン！

　「2004年、僕が21才の時、長年胸に秘めてきた計画を爆発させる機会が訪れた！」と、サラーは、自分一人の大革命を語る。「フランスで開催された10,000mのレースに、僕はモロッコ代表として送り込まれた。待ちに待ったチャンス到来だ！　僕はゴール直前に西サハラ国旗を高く掲げて、そのままテープを切った!!　モロッコが禁じている西サハラ国旗を体に纏って、僕が西サハラ人であることを、堂々と公表したのだ!!!

▎屈辱の雌伏3年半、サラー・モロッコ・アスリート

　1999年の初冬、17才のサラーは寒々としたモロッコの首都・ラバトに戻り、モロッコ・ナショナル・ランニング・ジュニアチームに復帰した。故郷のモロッコ占領地・西サハラで起きた18日間の占領警察による拷問事件は、寝食を共にするチームメイトに既に知れ渡っていた。コーチ陣やサラー自身が語らなくても、生々しい拷問の痕が雄弁に語ってくれるからだ。

　冷たい周囲に負けじと、サラーは練習距離を増やし記録を更新していった。これまでのように、コーチ陣を冷めた眇めで見ることも、わざと正則アラビア語で応答することも、止めた。自ら進んでモロッコ・ナショナル・ランニング・チームのジュニア選手として国際試合に出場し、血染めの旗のために賞金を稼いだ。気を良くしたモロッコ・ナショナル・ランニング・チームのコーチ陣はサラーを、海外での中長距離レースに、モロッコ代表として頻繁に派遣するようになっていった。そしてコーチ陣は、密かに、2004年アテネ・オリンピック候補にサラーの名前を挙げていた。モロッコの神話的陸上中長距離選手・ヒシャム・エルゲルージの後継者にしようと考えていた。ちなみにそのヒシャムはアテネ・オリンピック1,500mで、悲願の金メダルを獲得することになる。

　一方のサラーは、「僕が振る旗は血染めのモロッコ国旗じゃない、

赤緑黒白の西サハラ国旗だ」と、心で叫びながら、モロッコ選手とし
て国際陸上大会の表彰台に登った。

　「僕は本当の想いを隠し続けなければならなかった。僕は苦しんだ
…。しかし、一つの確信が僕を励まし続けてくれた。が、僕自身の秘
密にしておいた。それは、僕の出生と立場を声高らかに叫ぶ日が必ず
やってくる、という確信だった。西サハラ人なのだと、公に認められ
たかった。そして…　そのチャンスを何度も何度も探った」

　サラー、我慢して、我慢して、まだ、まだ…。

■ 栄光の日、到来！

　「その機会が 2004 年、南フランスのアグドで訪れた。僕は 10,000m
のレースで独走した。僕は、ゴール前 200m で、支援者から西サハラ
の旗を受け取った。そして、残り 200m を、高々とその旗を掲げ走り
切った。勿論、その行為が僕のスポーツ歴に何を意味することになる
のかを、知っていた。が、それは犠牲ではない、義務だ。そして、僕
にはそれをやってのける勇気と自信があった。世界に、僕の同胞がど
んな目にあっているのかを、知ってもらいたかった」と、サラーは淡々
と、〈栄光の瞬間〉を語る。「一旦、僕が決めたら、必ずやりきる！」と、
サラーは口癖を繰り返す。

　しかし、占領支配者にたてつくことは、特にモロッコ国王に被占領
民の子せがれが歯向かうことは、極刑を意味する。気に食わないジャー
ナリストの首をはねたサウジ皇太子の例を出すまでもなく、王族は残
忍だ。サラーは 12 才で王様のランナーにスカウトされ故郷モロッコ
占領地・西サハラを後にしたが、想いはいつも故郷にあった。17 才で
モロッコ占領警察に逮捕され、18 日間拷問され、故郷を捨てることを
強要された。が、強要は、故郷への想いを募らせてくれるだけだった。

　サラーの感動的な〈西サハラ国旗デモンストレーション〉を、地元
のアグド住民はどう受け止めたのだろうか？　人口約 21,000 人のアグ
ドは〈地中海の黒真珠〉とあだ名されるリゾート地だが、観光シーズ
ン以外は静かな街だ。10,000m 競走は観光オフシーズンの街中で行わ
れ、見物人も少なく地元メデイアも騒がなかった。

　その頃は、世界中が 2003 年 3 月 20 日に始まったイラク戦争に巻き

込まれていた。イラクの大量破壊兵器保持という証拠をでっち上げアメリカがイラクを破壊し、ブッシュ米大統領が5月1日に〈戦闘終結宣言〉を発表したにも拘わらず、2011年まで戦争は続いていく。2004年の地方都市レースは、殆ど注目されなかった。サラーの監視役を兼ねるモロッコ移民も、イラク戦争に気を取られていて手薄だったことが、サラーの革命を助けてくれた。

サラーはテープを切った勢いをかってモロッコ・コーチ陣の包囲を破り、主催者アグド住民のテントに逃げ込んだ。懐に飛び込んできたランナー・サラーを、アグドの人々はモロッコ・コーチ陣に渡さず、保護した。「彼ら（フランスのレース開催者）は、僕がモロッコに戻されたら危険だと察知し、僕の（フランス）亡命を受け入れてくれた」と、サラーは回顧する。

▌フランスに亡命を求めたサラー

アグドはエロー川の河口にあり地中海に面しているため、大昔から侵略者に襲われてきた。長い植民地の歴史を持つアグドの人々は、アフリカ最後の植民地・西サハラのランナーに親近感を覚えたようだ。

アグドとはギリシャ植民地時代の名称で、西ゴート族、イスラム教徒、カール大帝と支配者が代わり、859年にはヴァイキングに略奪された。その後ヴァイキングは寒い北の海に帰らず、南仏カマルグで冬を過ごしたそうだ。そして1939年、アグドにはスペイン共和派を抑留するための収容所が建設された。アグド収容所は2万人を収容する予定だったが、実際は24,000人以上が収容された。1940年末の第二次世界大戦末期には、ドイツ・ヒットラー傀儡のヴィシー・フランス政府が、30カ国、6,000人ものフランス在住外国人をこの収容所へ移送し総計30,000人、地元民（当時）の約3倍の移民難民を詰め込んだ。このうち1,000人以上は外国籍のユダヤ人たちだった。移民難民に対するアグド住民の寛容な精神は、歴史の素晴らしい遺産だ。そして現在、アグドは、ヌーディストビーチで超有名になっている。毎年12月31日には大みそか恒例のヌーディスト海水浴イベントが行われる。イラク戦争が勃発した年も、サラーが西サハラ国旗を掲げた年も、大みそかヌーディスト海水浴が行われたそうだ。

　「僕がフランスを亡命の地に選んだのは、モロッコを保護するフランスはそのモロッコが占領する西サハラも、当然、面倒を見る責任があると思ったからだ。僕は、フランス人と世界の人々に、僕個人の現実と全西サハラ人の現実を伝えたかった。占領と、そして迫害と戦う人間の生き様を、知って欲しかったのだ。

　もし、フランスのような自由と讃えられている国が、僕という一個人の保護もできないのなら、国際社会が西サハラ人民の保護なんてできるわけがないと考えていた。フランスに賭けたんだ」と、サラーは亡命申請理由を語る。そして、「僕は今、フランスという自由を看板にする国に住んでいる。しかし、自由という実感はない。それは、いつも、自由を奪われている占領下の家族や友達、そして不自由な難民生活を続けている同胞のことが頭から離れないからだ。みんなが自由を取り戻すまで、みんなが国際社会で自由を謳歌できるまで、僕の自由もおあずけだ」と、サラーは繰り返した。

　サラーがモロッコ選手としての出場を自ら棒に振った、2004 年アテネ・オリンピックでの日本選手団活躍振りを、ざっと、振り返っておく。金メダル 16 個、メダル獲得総数は 37 個だった。この金メダル獲得数は、1964 年東京オリンピックに並ぶ過去最多のものだ。柔道では、野村忠弘が 3 大会連続の金、谷亮子が 2 大会連続の金、日本柔道は男女合わせて 8 個の金メダルを獲得した。レスリングでは、吉田沙保里（レスリング女子フリースタイル 55kg 級）と伊調馨（レスリング女子フリースタイル 63kg 級）が金メダルを獲得した。競泳では、北島康介が 100m と 200m の平泳ぎで、柴田亜衣が 800m 女子自由形で、金メダルを獲得した。女子マラソンでは野口みずきが、体操男子団体総合では日本男子体操チームが金メダルを獲得した。

　男子ハンマー投げで銀メダルだった室伏広治は、金のアドリアン・アヌシュにドーピング疑惑が浮かび上がったため、大会最終日に失格となり、繰り上がりの金を貰った。ここは、辞退した方が、男前を一層あげたのではないか？　と思われるが…。その室伏広治氏は 2020 年 10 月 1 日、スポーツ庁長官に任命された。

1　西サハラ国旗を掲げてゴールイン！

2 家族に連座罰を科すモロッコ
暗殺されたサラーの弟アバチカ

　「僕が亡命した後も、モロッコの虐待はおさまらなかった。彼らの命令に逆らう者に、モロッコは暴力で答える。故郷の西サハラに残った家族は、モロッコ占領当局の標的になった」と、フランスに亡命したサラーは、モロッコ占領地・西サハラで虐待される家族を語った。むしろ、モロッコ占領当局の虐待は、サラーの亡命後に熾烈化していった。

▍家族に連座罰

　2004 年 11 月 4 日、フランスに亡命した時、サラーには 5 人の姉妹と 3 人の兄弟と両親がいた。サラーの支えは、丈夫で強い母親だった。「母は、僕をいつも引っ張ってくれる。良い時も悪い時も、母は僕の傍らにいる。母は、いつも僕と連絡が取れるようにしてくれ、僕が世界のどこにいようと、僕の調子をチェックしている。僕がどんな決断をしても賛成してくれた。そして、彼女のできる範囲で僕を援助してくれた。彼女は、驚異的なバネを持つ女（ひと）だ」と、サラーはアスリートらしい賛辞を、母親に送っている。

　「僕の家族は、僕を入れて 11 人だが、親族のメンバーはたくさんいる。僕たちは大家族で、いつも連絡を取り合っている」と、サラーは語る。その大メンバーが、サラーの亡命を巡って、次々と逮捕・尋問・拘束・拷問に曝されていった。最初の犠牲者は、左足を失くしたうえ糖尿病で衰弱していた父親だった。

　モロッコの秘密諜報員はサラーの親族から、サラーがポリサリオ戦線・西サハラ独立運動組織の戦闘員であるという供述を取りたかった。そして、この一族に連座罰を加えたかった。が、サラーの一族はモロッコの拷問に屈しなかった。サラーはポリサリオ戦線の一員ではなかったからだ。2011 年、ゲルニカ紙の記者が「ポリサリオ戦線の戦闘員か？」と聞いた時、「僕は、ポリサリオ戦線に属していない。故郷のモロッコ占領地・西サハラで、〈ポリサリオ戦線〉という言葉は禁句だ」と、

サラーは答えている。

　〈連座〉とは刑罰の一種で、罪を犯した本人だけでなく、その家族などに刑罰を科すことを指す。江戸時代までは家族などの親族に対する連座は縁座と呼ばれ、主従関係やその他特殊な関係にある人に対する一般の連座とは区別して扱われていたそうだ。国際法では、ジュネーヴ条約の第4条約（戦時における文民の保護に関する1949年8月12日発令）第33条で、紛争当事者が被保護者に対して連座罰を科すことを禁じている。しかし、モロッコ占領地・西サハラでもイスラエル占領地・パレスチナでも、連座罰がまかり通っている。

　日本では日本国憲法第31条が、「何人も、法律の定める手続によらなければ、その生命若しくは自由を奪われ、又はその他の刑罰を科せられない。」と、定めている。

■ サラーの弟・アバチカ

　「俺の毎日？…　俺の毎日、って言われても、ムショから出てきたばかりなんでね…」と、サラーの弟アバチカは記者の質問に答える。

　「俺は、これまでず〜とオマワリやモロッコ支配者たちともめてばかりいた。奴らとは、問題だらけだった。俺は、奴らにとって〈お尋ね者サラー〉の弟だからね。兄貴はフランスで政治活動をしている。俺たちアマイダン一家は、奴らの標的なんだ。俺は兄貴のように、足が速かった。奴らは俺を摑まえることができなかった。追いつかれたのは、たった一回だけだ」と、アバチカは逃げ足の速さを自慢する。

　「腕の傷痕を見てくれ。モロッコのムショでやられた。看守よりも囚人仲間の喧嘩でやられる事が多かった。ムショのなかは喧嘩だらけだ。看守は囚人を馬鹿にする。囚人は他の囚人を馬鹿にする。俺自身が馬鹿にされるのは我慢ならないが、他の人が罵倒されるのも許せない。そんなこと、やっちゃいけないよ！　俺は16才の時に、モロッコで最悪のインジガン刑務所に放り込まれた。俺の体にモロッコ人が触れるなんて、冗談じゃない！　だけど、あんた、もし檻に入れられていて看守に殴られても、あんたは何もできない。むこうは何でもできるんだからね…　この傷は俺が自分でつけた、これは喧嘩のだ、これは看守にやられたもんだ」と、アバチカは袖をまくって、傷だらけ

の腕をカメラに見せた。

「兄貴3人は荒っぽくない。兄貴たちはアスリートだから、ガキの頃から家を出て寮生活をしていた。俺は両親に育てられ一緒に生活し、両親がモロッコ占領警察に虐められるのを、毎日目にしていた。俺も、兄貴たちのようなアスリートになりたかった。そん頃は、ちっちゃかった。〈西サハラ大義〉なんて知らなかった。ただ、西サハラ人だから、モロッコ人に虐められるんだと、悔しい思いをしていた。もうちょっと後になって、〈西サハラ大義〉などという理屈を知るようになる」と、アバチカはトレーニングの様子を撮らせたりしながら、西サハラ訛りのアラビア語で語った。

「俺が14才の頃だったと思う、奴らは母さんを殴った！ 今もはっきり目に浮かぶよ。土足で突然、家に踏み込んだモロッコ占領警察のオマワリたちが、母さんの腕を殴り骨を折った‼ その時から、俺は変わったネ。俺は、母さんを殴った奴らとどう戦えばいいのか、奴らをどうやれば倒せるのか… 知りたかった。俺は人を殴る訓練を始めた」

アバチカは曇りのない目でまっすぐカメラを見つめ、自然体で話した。爽やかでカッコのいいハイテイーンだった。(サラーの記録映画〈The Runner（走る人)〉より)

■ フランス・スポーツ連盟

2004年にフランスに亡命したサラーは、毎晩ラジオを枕元に置いて西サハラ難民キャンプのニュースや世界の出来事を聞きながら眠りについた。サラーにとってラジオは、世界の窓だった。サラーは。フランス・スポーツ連盟が主催するレースにフランス・チームとして参加した。ただ、国際試合には西サハラ人アスリートとして、名前を登録している。

フランス・スポーツ連盟もFOC（フランス・オリンピック委員会）も、地方のスポーツクラブも、フランスでスポーツと名の付くものは全て、フランス・スポーツ省の管轄下にある。その頂点にいるのが、スポーツ大臣だ。近代オリンピックを創設したのはフランス人のクーベルタン男爵で、フランス人にはオリンピックは我がものという自負心が強

く、誇り高い。ここで、東京オリンピックの次にパリオリンピックを控えているFOC（フランス・オリンピック委員会）を、チラッと覗いてみる。

　「昨日のオリンピックは、明日のオリンピックではない」と、ギィ・ドゥリュ氏はオリンピックの改革を提唱している。ギィ・ドゥリュ氏は2020年4月26日のフランス公共放送で、「2024年オリンピックの招致国として提案した我々のプロジェクトは、もはや時代遅れです。過ぎ去ったものであり、現実とはかけ離れています」と、切り出した。それから、様々な機会を捉えて自論を展開している。「オリンピック成功の必須条件は、アスリートをちゃんと受けいれられることと、赤字を出さないことです」とし、「東京五輪の延期は予想以上に高いものにつく…　今や、一緒に新しい五輪モデルを創造する時がきています」と、東京に共催を呼びかけている。1976年のカナダ・モントリオール五輪で、110mハードルの金メダルを獲得し、シラク大統領のもとでスポーツ大臣を務めたギィ・ドゥリュ氏は、1996年から国際オリンピック委員会のメンバーで、フランス・オリンピック委員会の牽引者だ。クーベルタン男爵による〈共生、博愛、尊敬〉というオリンピック精神に心酔している。ギィ・ドゥリュ氏は、「オリンピック精神を、ユネスコの無形文化遺産に登録を」と、〈パリ2024組織委員会〉に提案し、受けた同委員会はマクロン大統領も誘って、IOCのバッハ会長に同案を提出した。

　フランス人は意外と強引で、自己中心的で、金儲けを忘れない。東京オリンピックを控えた日本は、FOC（フランス・オリンピック委員会）が発信する様々な提案に、注意深く対応して欲しい。

　サラーの弟アバチカに直接、尋ねたいことがたくさん出てきて、サラーに連絡した。

　「アバチカはフランスのアヴィニョンで暗殺された。2012年9月30日、まだ22才だった。フランス当局は現在に至るまで犯人の捜査をせず、迷宮入りの扱いをしている」と、サラーから返事がきた。悔しいです！

2
家族に連座罰を科すモロッコ：暗殺されたサラーの弟アバチカ

3 サハラマラソン
西サハラ難民キャンプの恒例国際マラソン大会に参加

「フランスに亡命した 2004 年以降、モロッコは僕がモロッコ占領地・西サハラに帰郷することを一切禁じた。駄目となると、僕は、家族に会いたくてたまらなくなった。仲間の西サハラ人と、西サハラ訛りのアラビア語でお互いの苦労を笑い飛ばしたかった」と、サラーは切ない望郷の想いを語った。

▌難民キャンプで走るぞ！

寒い 2 月のある夜、サラーはいつものように携帯ラジオにスイッチを入れて寝袋に潜り込んだ。

「これから SADR ラジオ 2 月 26 日最後のニュースを送ります」と、西サハラ難民キャンプにある SADR（サハラウィ・アラブ民主共和国）ラジオ局からの放送が流れてきた。アナウンサーの西サハラ訛りのアラビア語は、サラーにとって子守歌だった。「本日、2 月 26 日、恒例のサハラマラソンが行われた。世界中のマラソンランナーが、一つの目標・ゴールに向かって競走した。そのゴールとは、西サハラ独立運動への熱い連帯に他ならない」と、アナウンサーは興奮して、とちりながら喋った。サラーは飛び起きた！「西サハラ難民キャンプで走るぞ!!」

やると決めたら必ずやる主義のサラーは、すぐに西サハラ難民キャンプにいる友達に電話を入れた。いつものように繋がりにくい。線が繋がったとしても雑音が入り、双方で「アロ〜、アロ〜（もしもし）」と叫んでいるだけで、結局、途切れてしまう。アルジェリア・フランス間の回線状況は、モロッコ・フランス間のそれと比べて、非常に悪い。フランスが仕切る北アフリカ回線は、明らかにフランスが差別操作している。つまり、フランスの子分であるモロッコの面倒を見ても、なにかと逆らうアルジェリアには冷たいのだ。

サラーは根気よく、アルジェリアの砂漠にある西サハラ難民キャンプと連絡を取った。

　アスリート・サラーといえども、アルジェリアは無条件で、即、入国を歓迎してはくれない。ましてやサラーは、10年近くモロッコの選手として活躍していた。「サラーはモロッコのスパイじゃないか？　西サハラの裏切り者じゃないか？」と、アルジェリアの疑い深い官僚たちは、サラーの入国ビザを出し渋った。

■ サハラマラソン

　サラーはこれまで、サハラ砂漠を走ったことはなかった。モロッコやフランスのロードレースは、アスファルトか、少なくとも整備された道路だった。サハラ砂漠と言っても、サラサラの砂地とは限らない。刃物のように尖った礫地かもしれない。サラーはワクワクしながらサハラマラソンに初挑戦した。

　サハラマラソンは、西サハラ建国記念日の前日祭として、毎年2月26日に行われる。

　SADR（サハラウィ・アラブ民主共和国）は1976年にサハラ砂漠で建国された。が、独立当時はマラソンだなんてとんでもない、西サハラ砂漠はモロッコがナパーム弾やクラスター弾を絨毯空爆する戦場だった。1991年に西サハラとモロッコが停戦し、21世紀に入り国連西サハラ人民投票の投票人認定作業が行われていた。2001年。希望らしきものがチラチラしていた時に、第一回サハラマラソンが開催された。西サハラ難民キャンプの難民もモロッコ占領地の被占領民も、そして世界の平和を願う人たちも、国連を信頼し国連西サハラ人民投票に期待を寄せていた。そんな中で創設された〈サハラマラソン〉は、世界の人々に西サハラ難民の現状を知ってもらい、一日も早い国連西サハラ人民投票の実施を促そうとするスポーツイベントだった。

　サハラマラソンの声明を読み上げてみる。

　「サハラマラソンは西サハラの人々に連帯を示す、国際スポーツ大会だ。大会はSADR（サハラウィ・アラブ民主共和国）のスポーツ大臣が主催する。外国の参加者も共催し協力する。距離は50km離れた二つのキャンプ間に広がる砂漠で、国際マラソン規格に合わせて、42.195km、21km、10km、5kmの各種目で争われる。5km毎に水を用意し、4台のランドクルーザーが併走する。

どうか、スポーツを通じて、故郷を追われアルジェリアのテインドゥフ難民キャンプで長期にわたる難民生活を強いられている我々、西サハラ人に目を向け、支援していただきたい」

■ サラー。サハラマラソン初参加初優勝

2007年2月の中旬、やっとアルジェリア入国ビザを取得したサラーは、亡命先のフランスから、アルジェリアに飛んだ。数時間のフライトで午前中に首都アルジェに着いたが、約2,000km離れた西サハラ難民キャンプがあるテインドゥフへのフライトは真夜中、しかも週に3便しかない。寒々とした国内線の出発ロビーで、サラーはスタンドの苦い甘茶をすすりながら、待ち時間を楽しんだ。メルファと呼ばれる民族衣装を纏った西サハラ女性、走り回る子供たち、カーキ色の訓練服を着た西サハラ難民兵… 大きな袋を抱えた西サハラ難民たちは、一年に一度の独立祭を祝うため、難民キャンプに里帰りをしようとしていた。兵士用のズタ袋を肩に革ジャンバーで決めた若者たちは、テインドゥフ基地に着任するアルジェリア兵たちだ。段ボール箱にもたれかかって仮眠をとるのは、NGOの西サハラ難民支援団体だ。そして、リュックを背にしたスポーツウェアーの若者たち、明らかにサラーの競争相手になるサハラマラソン参加者たちもいた。荷物を預け搭乗券を貰うと、サラーや外国人たちは出国カードを書かされ、搭乗口から飛行機に乗り込む。移行機に乗ったら、もう別世界のコミューン！テインドゥフ行きは、いつも楽しい仲間気分に溢れている。

殺風景で小さなテインドゥフ飛行場に着くと、そこでも煩わしい入国手続きが外国人を待ち受けている。でも平気！ パスポートコントロールで、西サハラ難民政府の難民が手際よく手伝ってくれる。つまり、同じアルジェリアにありながら、アルジェリアという国から西サハラという国に入国したことになるのだ。空港を出ると西サハラ難民政府の手配した車が、外国人や西サハラ難民を待っていて、要領よく仕分けられ、揃ったところで発車。空港のアルジェリア検問所を通過し、テインドゥフの街を過ぎると、街灯などないガタガタの夜道をつっ走る。サラーはランドクルーザーの荷台で揺られながら、闇の暗さに驚き、その中をテールランプだけを頼りに爆走する西サハラ難民兵士

の運転技術に脱帽した。

　そして、一夜明けてサラーが目にした西サハラ難民キャンプの日常生活は、ビックリを通り越した、驚愕だった。「僕はまがりなりにも、フランスやモロッコの首都ラバトで、電気もテレビもシャワーもある都会生活をしてきた。ところが、この難民キャンプには、文化的な代物が一切、ない。こんな物のない中で40年間も、僕の仲間たちは耐えてきたんだ！」と、サラーは素直に胸の内を明かした。

　「2月26日、世界中から集まった偉大なアスリートたち数十人と、僕は10kmマラソンのスタートを切った。途端に、熱と風で埃が舞い上がり、見ることも息をすることもできなくなった。2月は砂嵐の時期なのだ！　僕はトラックでは28分50秒3の記録を出しているが、砂漠では難しい。砂漠では、知性と平常心でレースに臨まなければならない。この状況下では、何時、力を失ってしまっても不思議ではない。さらに、レースのしょっぱなに、大きな砂丘を登らなければならない。どのステージでも予想もつかない自然の、過酷な障害を克服していかなければならない。こうして、多くのアスリートたちはレースを残してエネルギーを消耗し、力尽きてしまった。僕は、終わりまでやり続けるという決心も新たに、脱水症状をひき起こす砂丘に踏み出し、喉を焦げ付かせる空気を肺一杯に吸い込み、ゴールまで走り続けた」と、サラーはサハラマラソンの過酷さを語る。

　サラーは、初めて参加したサハラマラソンの10kmで優勝した。

　砂漠レースの模様は、下記に記したサラーの最新ドキュメンタリーをご覧ください。
Youtube：https://youtu.be/jz7lFr2c_Jk〈Amaidan Salha Un puebro de Malaton（アマイダン・サラー、一市民のマラソン）〉

　さて、マラソンランナーとして自他共に許すサラーは、通常、10kmで勝負している。「10kmランナーは単に中長距離ランナーでは？」というご意見もあろうかと思うが、〈マラソン〉という名称は登録商標などの規定がないようなので、これからもサラーを〈マラソンランナー〉あるいは単に〈アスリート〉と呼ぶことにする。

4 サラー記録映画

　「僕は、象徴みたいな扱いをされるのが好きじゃない」と、サラーは様々なインタビューで繰り返している。サラーの最新記録映画でもその言葉を聞き、額面通りに受け取れない戸惑いを感じた。シャイなのか？　気取りなのか？…　本意は何なのか？

　これは、本人に聞くしかないと思ったが…　止めた。　聞いても本当の事を言うかどうか分からないし、また、言われたら、それを受け入れるしかないからだ。サラーの真意は？　彼の映像とインタビューで推測していこう…。

▌ 数々あるサラーの動画

　Youtube（ユーチューブ）には、様々なサラーの動画がアップされている。動画は、西サハラ国旗を掲げてゴールを決めたサラー 21 才以後、つまり 2004 年以後に投稿されたものだ。それ以前のサラーはモロッコの支配下にあって、〈喋ってはいけない刑〉を科せられていた。

　ユーチューバーが簡単に投稿できるようになったのは最近だから、動画がアップした年月日と撮影年月日は必ずしも一致しない。サラー本人の記憶も曖昧なものがあるし…　行きつ戻りつしながら、サラーのマラソン人生を追っかけている。

　大部分のサラー・マラソン動画は数分足らずで、フランス地方都市のロードレースだ。無編集の撮りっぱなし映像で、説明のナレーションも字幕もない。「サラー頑張れ！」とアラビア語で叫ぶ現実音が入るので、フランスに住む西サハラ人がホームビデオカメラを回しているのだと推測できる。画面はブレブレだし、やたらカメラを振り回すから目が回ってしまうけど、ド素人映像はそれなりに新鮮だ。2012 年 2 月に企画された〈Tour des Remparta（フランス城塞都市ツアー）〉では、2 月 5 日にマルセイユ、2 月 12 日にアビニオンと、サラーは 11km レースに連続参加し優勝している。一週間も経たないうちに走るのは体を痛めることになるが、サラーは賞金稼ぎは若いうちと決めていた。足

を武器にした〈ストリート・ファイター〉は、フランスの地方都市で走りまくった。

　サラーのパンツとシャツ姿に飽きてきた読者の皆様には、〈2009 年 10 月 18 日ロンドン〉と記された動画をお勧めする。黒い背広で粋に決めたサラーに会えます。

　ロンドンで催されたアルジェリア主催の〈アルジェリアと西サハラ文化祭〉に招かれたサラーが、アルジェリアＴＶのインタビューに応じている記録動画がそれだ。「西サハラ独立運動は、同志であり大先輩であるアルジェリアの援助と連帯がなければやっていけない。我々はアルジェリアに限りなく感謝している」と、サラーは正則アラビア語で、アルジェリア政府にゴマをすり、営業スマイルを振り撒いていた。反抗心が旺盛な青少年時代を、モロッコ王から頭を押さえつけられて生き延びてきたサラーだ。サラーは、処世術が身に沁みついている、老練な若手活動家でもある。

▮ The Runner（走る人）

　「走る事は、僕にとって最優先の抵抗手段だ。それは、僕が持っているただ一つの武器だ」と、サラーは〈The Runner（走る人）〉というサラーの記録映画の中で語っている。

　サラーを主人公にした長編記録映画〈The Runner（走る人）〉は、2010 年の〈サハラ・マラソン〉でクランクインし、2 年後の 2013 年に公開された。約 2 年間もかかったのは、〈アラブの春〉と呼ばれる〈アラブの春嵐〉の真っ只中にあったからだ。フランスで訓練するアラブ人のサラーの身辺には、いつも目に見えない危険がまとわりついていた。22 才の弟アバチカが南仏アビニョンで暗殺されたのも、この頃だった。

　映画の中で、「怖くないか？」と、聞かれたサラーは、「怖くなんかない、西サハラ人は恐れる事を知らない」と、答えている。そして、「僕は走っている時、スコアボードに西サハラの国名を載せる事しか考えていない。僕の頭には、いつも、モロッコ占領地の西サハラ被占領民と西サハラ砂漠の難民の姿がこびりついている…」と、熱っぽく語る。「サラーは西サハラ人民の解放運動に関して饒舌に喋りたがるが、彼自

身のことはあまり話したがらない」と、〈The Runner（走る人）〉を作っ
たエジプト系パレスチナ人のサイード・タジ・ファルーキは明かす。

　しかし、ファルーキは、「サラーの生き様は、記録映画に値する。彼
の細い、が、長年長距離ランナーとして訓練されてきた強靭でしなや
かな体と、砂漠の過酷な風土が創造した黄金の肌と彫りが深い顔立ち
は、観客を魅了し、観客の心を忘れられた西サハラ紛争に向けてくれ
る」という初心を貫いた。そして、2 年以上の歳月がかかっても、カ
メラを回し続けた。

　「僕は、難民（亡命）という状況にお世話になりながら、利用しな
がら生きてきた」と、サラーは逆境を逆取りする処世術を語った。が、
ストーブに火を点けながら、「今月は一銭も収入がない」と、呟くサラー
の姿も、カメラは捉えている。

　2013 年、サラーの記録映画〈The runner（走る人）〉が、公開された。
　〈The Runner（走る人）〉の予告編を紹介しておく。冒頭に、モロッ
コ占領地・西サハラで 2010 年に勃発した西サハラ・インテイファー
ダとそれを完全に壊滅したモロッコ占領治安部隊のニュース映像を流
し、インタビューに答えるサラーのアップ、西サハラ難民キャンプを
走るサラー、サラーの狭いアパート生活、そして山を走るサラーと…
上質な映像が重ねられている。

■ ボレロ、ハビエル・バルデム、Fisahara（フィサハラ）

　演出家ファルーキの映像は、奇をてらわず分かりやすく、しかもど
のカットを切り取ってもそのまま写真展に出せるような、見事なもの
だ。ファルーキはイギリスを活動拠点にする、フリー記録映像作家で、
記録写真家で、著作家でもある。表現能力に卓越しているだけでなく、
パレスチナ人という苦渋を背負わされた人生が彼を優しく強くしてい
る。カメラの向こうの被写体に、彼は全身全霊で対峙する。その真摯
な取材姿勢が彼の作品に満ち溢れている。彼は、2003 年に〈タイプラ
イターを抱えたツーリスト〉という名の、記録映画製作会社を創った。
2005 年には、タンジェ港からヨーロッパに密航しようとするモロッコ
人を追う記録映画を作った。2013 年にはサラーの〈走る人〉を、2016
年にはアフガニスタン戦争の最前線記録映画を発表している。どの作

品もセンスの良い映像と分かりやすいコメントで、声高に叫ばなくて
も人権とか社会正義とかの想いが伝わってくる。世の中には素晴らし
い才能の持ち主がいるんですね！

　ファルーキだけではない、素晴らしいパレスチナ映像作家は多々い
る。その中でも最高傑作は、10分強の記録映画〈無題〉。思い出して
も背筋がゾクゾクしてくる。音はラヴェルのボレロ、映像は目隠しを
し足枷をし、動けなくした2、3人のパレスチナ青年の肘を数人のイ
スラエル兵が石で砕いているシーンを望遠で撮ったもの。「石を武器
にするインテファーダに対する見せしめの刑だ」と、映像作家ムハン
マド・アッサワールメは自宅でその作品を見せてくれた後、説明した。
ショックだった。アッサワールメは稀有な編集技術とお洒落な感覚を
持つ、天才的映像作家だ。

　パレスチナの映像作家ファルーキがサラーの走りをサハラマラソン
で撮っている頃、スペインの役者が西サハラ難民キャンプを取材して
いた。彼の名はハビエル・バルデム。2007年のアメリカ映画〈ノーカ
ントリー〉では冷酷な殺人鬼を演じ、アカデミー助演男優賞、ゴール
デングローブ 助演男優賞、英国アカデミー 助演男優賞、英国作家協
会助演男優賞、ニューヨーク映画批評家協会 助演男優賞、全米映画俳
優組合助演男優賞と、その年の主要な賞を総なめした。2012年の〈007
スカイフォール〉では極悪非道な敵役を不気味に演じている。が、そ
の悪役が寝袋に潜っているところを、西サハラ難民の子供に起こされ
るシーンを見た人は少ない。2008年頃からハビエル・バルデムは西サ
ハラ難民キャンプを訪れ、〈Sons of the clouds – the last colony（雲の
息子たち─最後の植民地）〉という題の記録映画制作に着手していた。
ヴァロ・ロンゴリアが演出を担当した。

　ハビエル・バルデムは1969年にスペイン・カナリア諸島のラスパ
ルマスで、祖父母の代から役者という芸能一家に生まれた。ラスパル
マスはモロッコ占領地・西サハラから一番近いスペイン領土で、昔も
今も西サハラ人とスペイン人の往来が盛んだ。ハビエル・バルデムの
両親も西サハラ問題に深い関心をよせ、西サハラ連帯のデモには親子
揃って参加してきた。

　〈雲の息子たち─最後の植民地（81分）〉スペイン製記録映画は、

2012年2月16日に公開され、2013年のゴヤ賞記録映画部門で受賞した。作品は西サハラ難民キャンプの生活やモロッコ占領地・西サハラの記録映像に加え、ハビエル・バルデム自身が黒の正装で国連に乗り込み、「私はNGO支援団体の回し者ではない。一個人として、西サハラと歴史的に関わりを持つスペイン人として、発言する。西サハラの人々を、これ以上待たせてはいけない。世の人々は責任をもって西サハラ問題を、早急に解決すべきだ」と、熱弁する真摯な姿も記録している。

　西サハラ難民キャンプでは、毎年〈Fisahara（フィサハラ）〉と呼ばれる国際難民映画祭が、難民センター・ラボニから160km以上離れたダハラ難民キャンプで行われている。2012年も5月の初めに開催され、難民映画祭グランプリの〈白ラクダ賞〉にハビエル・バルデムの〈最後の植民地〉が選ばれた。その後ハビエル・バルデムは、難民映画学校に寄付をしたり機材を提供したり、援助を続けた。
　映画出演の依頼が絶えないというという極悪役者ハビエル・バルデムに、現在の西サハラ支援活動状況など、インタビューしたいと思っている。

西サハラ難民キャンプでサラーの記録
映画〈The Runner（走る人）〉を撮影
するスタッフ

5　ペルソナ・ノン・グラータ（許されざる者）

〈ペルソナ・ノン・グラータ（許されざる者）〉とは、ラテン語で〈好ましくない人物〉あるいは〈許されざる者〉を意味する。この言葉は、1961 年に締結された「外交関係に関するウィーン条約」第 9 条に出てくる。具体的には、派遣された外交使節または外交官のような人に対して、受け入れ国が好ましくないと判断した場合、派遣国に〈persona non grata（ペルソナ・ノン・グラータ）〉と通告し、国外追放することができるとする外交用語だ。難民アスリート・サラーは、外交官でもないのに、モロッコから〈ペルソナ・ノン・グラータ（許されざる者）〉というレッテルを貼られてしまった。

■ モロッコのマラケシュ空港で強制送還されたサラー

「2012 年 6 月 13 日、モロッコのマラケシュ国際空港で、アマイダン・サラーがモロッコ空港警察に拘束され、27 時間の尋問後に出発地パリへ強制送還された。サラーと兄弟たちはフランスに政治亡命中で、フランス当局から許可を得てモロッコ占領地. 西サハラの家族を訪問しようとしていた」と、西サハラ作家協会会長（当時）のマライニン・ラホールが写真を付けて報せてくれた。その時、筆者は初めてフランスで訓練している西サハラ難民アスリート・サラーの存在を知った。〈難民〉といっても、サラーはアルジェリアにある西サハラ難民キャンプに住む〈難民〉ではない。フランスに亡命した、フランスが法的に保護する〈難民〉だ。フランス政府発行の難民移動許可書（Titre de voyage pour refugie ）は、フランスに住むジプシーに出す許可書と同じで、〈難民〉として庇護されている。

「モロッコ空港警察は、国王に陳謝しろと迫った。僕が国王反逆の罪を認め、心を入れ替えて国王に忠誠を誓ったら、モロッコサハラ（西サハラのモロッコ式呼称）に入れてやってもいいと、言った。そして、フランス政府発行の許可書や身分証明書をはじめ、僕の所持品を全部取り上げた。入れ替わり立ち替わりモロッコ取り調べ官たちが登場し、

僕を眠らせずに 27 時間も尋問を続けた。が、僕は彼らに屈しなかった。結局、僕たち兄弟はパリに強制送還され、モロッコのマラケシュから故郷西サハラのラユーンに飛ぶことはかなわなかった」と、サラーは述懐する。サラーはモロッコ当局から、「ペルソナ・ノン・グラータ（許されざる者）」というレッテルを貼られた。

「同行した兄弟というのは、アバチカの事？」と、筆者は遠慮勝ちにサラーに聞いた。サラーは、「そうだ」と、短く答えた。抜群の運動能力を持つ弟アバチカを、サラーは後継者にしようと考えていた。が、この追放事件から 3 か月後に、アバチカは亡命先のフランスで何者かに暗殺されてしまう。（参照　第Ⅱ話— 2　家族に連座罰を科すモロッコ）

▌モロッコ占領地・西サハラのラユーン空港で 再び強制送還されたサラー

2013 年 7 月 18 日、スペイン・カナリア諸島州都のラスパルマス空港で、サラーは地元テレビのインタヴューに答えた。「ラスパルマス発の飛行機でラユーン空港に到着したら、モロッコ空港警察の係官が待っていた。有無を言わさず僕は空港取調室に連行された。僕は、乱暴に連行されなければならない理由を聞いた。「お前は、〈ペルソナ・ノン・グラータ（許されざる者）〉だからだ」と、係官は答えた。取調室で、僕はフランス政府から許可を貰って飛行機に乗ったんだと、説明した。没収されたフランス政府発行の書類を見るように言ったが、係官は腕を組んだまま突っ立っていた。モロッコ占領地・西サハラのラユーンに来たのは、病気の父を見舞い家族に会うためだと言っても、取調官は全く僕を無視した。そして、この取調官も〈改悛して国王殿下に忠誠を誓え〉と、命令した」と、サラーは西サハラ訛りのアラビア語でモロッコ空港警察の扱いを非難した。「結局、僕はこの出発地・ラスパルマス空港に強制送還された。僕はフランス政府発行の身分証明書で、EU 諸国に出入国している。今回のラユーン旅行は、父の病気見舞いだ。難癖をつけて拒否するモロッコは、国際法に違反するだけでなく非人道的な人でなしだ」と、サラーは眉間にしわを寄せ、厳しい表情で語った。

　ラスパルマスのマスコミやネット新聞が、サラーの強制送還事件を伝えた。ラスパルマスはラユーンから約200kmと、モロッコ占領地・西サハラに一番近いスペインだ。モロッコ占領地・西サハラのラユーンから空路でラスパルマスに脱出する西サハラの被占領民が、最近、増えている。ラスパルマスには西サハラ難民政府が代表部を置き、NGOの西サハラ支援団体も活発に活動している。事件の報道があって2週間後の8月6日にユーチューブなどを通じて、〈サラーを助けるキャンペーン〉が始まった。「私たちは西サハラ独立のため走っている、アマイダン・サラーに連帯します」という言葉に始まり、「サハラ・リブレ（サハラの解放）」とVサインで結ぶ映像メッセージが、ユーチューブに流された。お腹が出た初老の男性が西サハラ国旗を掲げて走ったり、主婦が陸上競技場に西サハラ国旗を広げたり、子供が西サハラ国旗を体に巻き付けたり、家族一同でリレーの西サハラ旗つなぎをしたり…　たくさんのスペイン人たちが投稿した。

　2009年10月にも、サラーと同様〈ペルソナ・ノン・グラータ（許されざる者）〉のスタンプを押されたアミナト・ハイダル女史の強制送還事件があった。モロッコ占領地・西サハラのラユーンからラスパルマス飛行場に送還された平和活動家アミナト・ハイダル女史は、モロッコに抗議してハンガーストライキを決行した。20日間のハンガーストライキで彼女はモロッコに勝った。その時も、ラスパルマスの人々は、限りなく彼女を支えた。

■ ペルソナ・ノン・グラータ（許されざる者）北欧に入る

　モロッコからペルソナ・ノン・グラータ（許されざる者）のスタンプを押されて追放されたサラーは、その2か月後のある夕刻、北欧の王国ノルウェーに降り立った。夏とは言え肌寒く、慌ててサラーはウィンドブレーカーを羽織った。到着ロビーではノルウェー駐在の西サハラ難民政府代表部やノルウェーの西サハラ支援団体などが、西サハラ国旗と横断幕で賑やかにサラーを迎えてくれた。8月6日、首都オスロで行われた10kmロードレースでサラーは優勝した。さらに9月21日には、オスロで開催されていた西サハラ・バザールに参加し、西サハラ砂漠の文化を宣伝した。サラーは、ノルウェーにはノーベル平和

賞委員会があり、ノーベル賞のうちで平和賞だけがここで決定される
ことを知っていた。その年のノーベル平和賞に、モロッコ占領地・西
サハラのラユーンで活動するアミナト・ハイダル女史がノミネートさ
れていたからだ。北国のノルウェーに、砂漠の民・サラーは、限りな
く親近感を抱いていた。

　領事条約第二十三条（ペルソナ・ノン・グラータ）を以下にそのま
ま転載しておく。
　「接受国は、いつでも、派遣国に対し、領事官である者がペルソナ・
ノン・グラータであること又は領事機関の他の職員である者が受け入
れ難い者であることを通告することができる。派遣国は、その通告を
受けた場合には、状況に応じ、その者を召還し又は領事機関における
その者の任務を終了させる。派遣国が規定による義務を履行すること
を拒否した場合又は相当な期間内に履行しなかつた場合には、接受国
は、状況に応じ、規定に該当する者の認可状を撤回すること又はその
者を領事機関の職員として認めることをやめることができる。接受国
は、領事機関の構成員として任命された者について、接受国の領域に
到着する前に又は既に接受国にあるときは領事機関における任務を開
始する前に、受け入れ難い者であることを宣言することができる。こ
の場合には、派遣国は、その者の任命を取り消す。これらの場合にお
いて、接受国は、派遣国に対し自国の決定の理由を示す義務を負わな
い」

モロッコ占領地ラユーン空港からスペ
インのラスパルマス空港へ強制送還さ
れたサラーは、ラスパルマスのメデイ
アに状況を語った

第Ⅲ話

走り続ける
西サハラ独立に向けて

2020 年 2 月 26 日、スマラ・西サハラ難民キャンプで、
サハラマラソン 10,000m のゴールを決めた

1 ペルソナ・グラータ（好ましい人）

　ペルソナ・グラータとペルソナ・ノン・グラータは反対語だ。ともにラテン語で、好ましい人、好ましくない人を意味する。外交用語としては、外交官駐在の可否を決定する時に使う。ペルソナ・ノン・グラータと烙印を押せば、その外交官を追放できる。難民アスリート・サラーにモロッコは外交用語〈ペルソナ。ノン・グラータ〉で追放した。しかし、サラーはモロッコ以外のどこへ行っても、モテモテだ。
　あなたはサラーを、なんと評価する？

■ サラーが西サハラ難民政府のパスポートを取得

　「かって、あなたがモロッコ・ナショナルチームのメンバーとして走っていた時、西サハラの人々はあなたのことを〈裏切り者〉と、非難しなかったか？」と、サラーは外国の記者によく聞かれた。「僕は同胞から、そんな言葉を浴びせられたことは一度もない」と、サラーは答える。「〈裏切り者〉という言葉で僕を罵ったのは、モロッコ人だ」と、サラーはモロッコ人の、地獄に突き落とそうとする容赦ないヘイトスピーチを批判した。モロッコから苛め抜かれてきた西サハラの難民も被占領民も、同胞の受難に共鳴し、仲間を誹謗中傷するような〈村八分〉はやらない。
　2012年9月8日、アルジェリアにある西サハラ難民政府が西サハラ・パスポートを作った。新しいパスポートは表紙にSADR（サハラウィ・アラブ民主共和国）のマークが飾られ、国際民間航空機関ICAOの基準にのっとったICパスポートとなっている。そのうえ、指紋という生体認証のための情報も盛り込んだ。日本のパスポートの先をいくバイオメトリック・パスポートである。パスポートは外交官、学生、病人など、緊急に渡航が必要な西サハラ人に優先して発給される。パスポート番号（1）はSADR（サハラウィ・アラブ民主共和国）大統領だ。1976年のSADR（サハラウィ・アラブ民主共和国）建国時にもパスポートが作られたが、当時の番号（1）のSADR（サハラウィ・アラブ民

主共和国）建国の父エル・ワリは同年に戦死し解放戦争に突入したため、当時のパスポート製造は立ち消えになっていた。新規西サハラ・パスポートの使用が可能なのは、現在SADR（サハラウィ・アラブ民主共和国）を承認している国のみで、アルジェリアや南アフリカなど多くのアフリカ諸国とメキシコ、キューバ、ベネズエラなどの中南米諸国、北朝鮮、イラン、ベトナムなどのアジア諸国だ。日本では使用不可能で、2019年8月28日〜30日のTICAD7に参加したSADR（サハラウィ・アラブ民主共和国）大統領一行は、日本入国ビザを取るのが大変だったと、不満を漏らしていた。

　サラーは、2013年3月31日にSADR（ハラウィ・アラブ民主共和国）のパスポートを入手した。有効期限は、2023年3月31日で生誕地はラユーンと明記されている。ちなみにフランスの身分証明書には、生誕地がモロッコの地名になっている。

▎ 2016年3月15日、父死す

　「父死す」の報せを受けたサラーは、葬式に出るためモロッコ当局にモロッコ占領地・西サハラへの帰郷を願い出た。が、断られた。2012年に弟アバチカが暗殺された時も、サラーの帰郷願いは却下された。2003年にモロッコが押した〈ペルソナ・ノングラータ〉の烙印は消されていなかった。「僕の父は、長い間慢性心不全に苦しんでいた。糖尿病も併発し透析を続けていた。そのため左足を切断しなければならなかった。死ぬ3年前に父を見舞おうとモロッコ占領地の故郷に入ろうとしたが、モロッコ占領警察に追い返された。遠く離れた亡命先のフランスで、僕は泣くしかなかった…」と、サラーは悔しがった。

　それでも、「僕には走る事がある」と、サラーは父の死を弔うように走りまくった。「幸吉は、もうすっかり疲れ切って走れません」と、1994年東京オリンピックで銅メダルを取った日本のアスリート円谷幸吉は、カミソリで頚動脈を切って自殺している。サラーは、「僕は、走る事が大好きだ」と、様々なインタビューで語っている。多分、円谷幸吉さんは走る事が好きでなかったのかもしれない。

　父の死後、2016年4月から9月までの競技記録を列挙してみると：
　＊4月17日、ル・ハイラン10kmで優勝。

＊4月23日、サン・ジャン・ド・リュズ市民マラソンで優勝。

＊5月8日、ビアリッツ・バスク海岸 7km で 4 位。

＊5月14日、イステリ・バスク 13km で優勝。

＊5月22日、ベリオザル 7km で優勝。

＊6月5日、ビアリッツ 10km で 2 位。

＊6月19日、ビアリッツ 13km で 4 位。

＊7月27日、ラ・フォレ・デュ・フェスタイレ 13km で優勝。

＊9月10日、ベッロビ 7km500 で 2 位。

＊9月17日、ビダル 11km で優勝。

サラーのハイペースは、2017 年、2018 年、2019 年と続いていく。

■ オリンピックで走るのを夢見た？

2016 年のゲルニカ紙インタビューで、「オリンピックで走るのを夢見たことがあるか？」と、聞かれたサラーは、「勿論だよ！　オリンピックに出たいよ‼　だけど、僕の国以外で、どこの国の代表になればいいのか??　思いつかない…」と、答えている。サラーの国、西サハラは IOC（国際オリンピック委員会）に加盟していないから、西サハラ国旗を掲げて参加することは不可能だった。

2019 年 10 月、「2016 年から難民五輪選手団が結成されているよ。そこの一員になれるかも？　そうすれば、東京オリンピック出場も夢ではないよ…」と、筆者が話したら、「ええ〜〜、そんなのがあるんだ！いままで、誰も教えてくれなかったよ！」と、残念がった。それから、サラーと筆者は難民五輪選手団への参加を模索した。トマス・バッハIOC（国際オリンピック委員会）会長と森喜朗 2020 東京オリンピック組織委員会会長に宛てて、アハメド・ラハビブ SADR（サハラウィ・アラブ民主共和国）青年スポーツ大臣によるサラーへの推薦状を送った。2019 年 11 月 30 日、IOC（国際オリンピック委員会）からサラーに宛てて、「FOC（フランス・オリンピック委員会）とコンタクトを取るように」という指示が来た。サラーは 12 月 4 日、FOC（フランス・オリンピック委員会）に連絡を入れた。しかし、FOC（フランス・オリンピック委員会）から返事がないまま、2020 年東京オリンピックの

年になってしまった。

「この数年間、疲労は溜まるし、父や兄弟が死んでいくし、モロッコ占領地の母とは会えないし…　幾度となく、走る事や旅をすることを止めようと思った。が、2月末のサハラマラソンが近づいてきたら、アルジェリアにある西サハラ難民キャンプに足が向いてしまうんだ」と、サラーは記録映画〈一市民のマラソン〉の中で語っている。そして、2020年2月26日も、西サハラ難民キャンプで行われたサハラマラソンに参加し、例年のように10kmで優勝した。3月に入り、モテモテのサラーは難民キャンプでの催しものに引っ張りだこだった。そして、訓練基地にしているフランスに戻ろうと、フライトのリコンフォームをした。すると、アルジェリアの国内線も国際線もキャンセルだった。新型コロナウィルスによる渡航禁止だ！　コロナの影響は、アルジェリア最西端にある西サハラ難民キャンプにまで及んでいた。

2020年5月15日にサラーがユーチューブに新しくアップしたと送ってきた〈一市民のマラソン〉が、実は2019年に公開されていたものだと分かった。

ゲルニカ紙のインタビューで、「お父さんの右足は遊牧の最中に、地雷で飛ばされた」とあったが、実は、糖尿病による切断だと判明した。

その他、諸々の疑問が出てきてサラーに直接聞こうとしたのだが、パッタリ、サラーと連絡が取れなくなった。ちょうど〈難民アスリート・サラー〉を掲載して10回になったので、筆を置こうとしていた。そこに、きました！　サラーから、「いま、フランス行きのフライトを待っているところだ」と。短い一報が入った。

フランスの訓練基地に着くまで、まだまだ、一波乱も二波乱もありそうだ。

サラーが落ち着いたら、〈サラー　西サハラ難民アスリート〉を再開することにして。

とりあえずサラーの話は小休止とし、アフリカのコロナ状況を覗いてみます。

1　ペルソナ・グラータ（好ましい人）

2 アフリカにコロナ禍

　「グッドモーニング、グッドアフタヌーン、グッドイーブニング（お
はよう、こんにちは、こんばんは）」と、テドロス WHO 事務局長は
世界中の人々へ呼びかけて、記者会見を始める。このところテドロス
WHO 事務局長は、「WHO の目標は、①ワクチンのさらなる開発と、
②ワクチンの公平な分配だ。ワクチンを資金があるからと独り占めす
るナショナリズム（自国主義）は許せない」と、アメリカや日本など
を念頭に置いて、コロナ・ワクチンの買い占めを強く批判している。
　日本はアメリカの製薬会社ファイザーと、ワクチン 1 億 2,000 万回
の供給を 2021 年 6 月までに受けることで基本合意した。アストラゼ
ネカ株式会社とは、2021 年初頭より 1 億 2,000 万回分のワクチンの供
給が可能となる体制を構築したことになる。

■ アフリカの新型コロナウィルス感染状況

　4 月 16 日、WHO（世界保健機関）は、「アフリカ地域の新型ウイル
ス感染者数は向こう 3 〜 6 カ月で 1,000 万人に膨れ上がる恐れがある」
と、警告した。同じ 4 月 16 日、UNECA（国連アフリカ経済委員会）
は報告書で、「人口約 13 億人のアフリカ地域で、年内に 12 億人以上
が感染、感染により 30 万人〜 330 万人が死亡する」と、予告した。
　さて、WHO が予告した 7 月に入って、アフリカの新型コロナウィ
ルス感染者数累計は、1,000 万人に膨れ上がっただろうか？　アフリカ・
ビジネス・パートナーが公表したジョンズ・ホプキンス大学の調査に
よると、7 月 18 日時点で、累計感染者数が 702,663 人、死者約 15,600
人となっている。
　「アフリカでの COVID19 感染者数は、予想に反して少ない。アフリ
カでの COVID19 感染はまだ始まったばかりだ」と、WHO は弁明し
ているが、虚偽予告に対する反省も謝罪もしない。エチオピア出身の
テドロス WHO（世界保健機関）の言葉を、アフリカの人々は信頼し
ている。テドロス・アダノム・ゲブレイェソスは、1965 年 3 月 3 日に

エチオピアのエリトリア州アスマラに生まれ、2005年から2012年までエチオピアの保険大臣を、2012年から2016年までエチオピア外務大臣を務めた。2017年5月23日、テドロスは185人中の133票という圧倒的得票数で、世界保健機関の事務局長に選出され、2017年7月1日から5年間の任務に就いた。この選挙は歴史的であり、WHOを率いる最初のアフリカ人になり、全ての加盟国が投票で選んだ最初の事務局長になった。

■ 7月には、新型コロナウィルス感染者数累計が 世界第5番目だった南アフリカ

　7月19日、ナイジェリア外務大臣オンエアマが新型コロナウィルスに感染した。目下、大臣は自主隔離中だ。

　7月20日、WHO（世界保健機関）の質疑応答で、南アフリカの記者が、「南アフリカは忠実にWHO（世界保健機関）の言いつけを守り、コロナ汚染拡大阻止に努めてきた。それなのに、何故、南アフリカの感染者数が増えてきているのか？」と、WHO（世界保健機関）の3ドクターに詰め寄った。3ドクターは異口同音に、「南アフリカのCOVID19対策は評価している。これからもマスク、手洗い、を励行し、密集を避けること。我々は、アフリカ・コロナ拡大予防対策に先鞭をつけた南アフリカを支持し続ける」と、この半年間繰り返しているWHOのお決まり文句を反復した。

　7月20日のWHO定例記者会見に特別出演したコンゴ民主共和国のイブラヒム・サチェ・ファル・ドクターは、「ワクチンが実用化したら、ぜひ、アフリカ諸国にも回して欲しい」と、語った。が、ドクターは「多くのアフリカ諸国では、ワクチンを待たずに続々と感染者と死人を出している。COVID19に先立つ、世界的に流行した疫病のエボラ熱やポリオや西ナイル熱などを、我々はワクチンを待たずして克服してきた。COVID19にたいしても、日常的な予防努力を続けなければならない」と、フランス語で弛まないコロナ感染対策を、アフリカと世界に促した。

　7月22日のジョンズ・ホプキンス大学の発表では、新型コロナウイ

ルスの感染者が、世界全体で 1477 万 4887 人となっている。死者は 61 万 1,599 人。このうち、感染者が最も多いのはアメリカで 385 万 8,686 人、ブラジルが 211 万 8,646 人、インドが 115 万 5,354 人、ロシアが 78 万 2,040 人、南アフリカが 37 万 3,628 人となっている。内外の報道機関もコロナ関係者も、ジョンズ・ホプキンス大学の数値を参照している。ジョンズ・ホプキンス大学とは一体、何者か？　簡単に紹介すると、中国人の同大学院生が中国の新型コロナウィルス拡大状況を 1 月 22 日にダッシュボードで公開したことから始まった。新型コロナウィルス感染が急速に拡大し、5 人が率いるジョンズ・ホプキンス大学コロナ・ダッシュボード・チームは、コロナ禍時代の寵児となった。ただし、ジャングルや砂漠の奥まで追跡できないし、本来が自己申告制だから、絶対に正しい数値とは言えない。

▌西サハラ難民キャンプの感染者数は？

　7 月 15 日、モロッコ健康省が発表したこの日の新規コロナ感染者は、214 人だった。その内、20 人がモロッコ占領地・西サハラの首都ラユーンで発見された。ラユーンの感染者たちは PCR 検査で陽性と判明した員数ではなく、病院に運び込まれた重症者だ。その後、モロッコの新型コロナウィルス感染者数は急増し、一日の新感染者数が 3,000 人から 5,000 人と、急増していく。モロッコはロックダウン（行動規制）を 11 月 10 日まで延長したが、コロナ感染状況にとってはさらなる規制強化もありうると、モロッコ国王モハンマド六世が明言した。

　6 月末の WHO 定例記者会見で、モロッコの記者が、「西サハラ難民キャンプのコロナ感染者数はどうなっているのか？」と、聞いた。WHO の回答者は、「サヘル難民のことか？」と、聞き返した。「違う、アルジェリアにある西サハラ難民だ」と、問い質したが、「その地区に関するデーターを持ってないので、改めて知らせる」と、回答者は語った。つまり、WHO は、アルジェリアにある西サハラ難民キャンプの存在を、認識していなかったということになる。ショックを受けた西サハラ難民政府は、7 月から新型コロナウィルス感染の厳しい検査を始めた。そして 7 月 16 日、ヘイラ・ブラヒ西サハラ健康大臣が、西サハラ難民キャンプでも西サハラ開放区でも新型コロナウィルス感

染者はいないと発表した。大臣は、「コロナ感染の疑いがある4人に対して、AU（アフリカ連合）から支給されたコロナ用医療器具を使って検査した結果、陰性であることが判明した」と。語った。が、新型コロナウィルスは西サハラ難民キャンプに侵入し、8月には25人以上の感染者数を数えるようになる。

　一方、モロッコ刑務所に収容されているに西サハラ政治囚たち数名が、新型コロナウィルスの検査と即時釈放を要求して、7月17日の金曜日からハンガーストライキに入った。モロッコは約5,000人のモロッコ人収容者を新型コロナウィルス感染拡大防止を理由に釈放すると発表したが、その中に西サハラ政治囚は含まれていない。数百名の西サハラ政治囚たちの体が、劣悪な密集した獄生活で蝕まれている。そんな彼らを新型コロナウィルスが襲ったら、感染はあっという間に広がり、死者を続出することは間違いない。

　日本政府は、ワクチン確保チームを結成した。が、日本製のアビガンやアンジェスのDNAワクチンなどは、どうなっているのだろう？外国製品を買い付けにいくよりも日本製品を開発して、ワクチンの買い占めができない国々に。無料で配布することを考えてください。

　2020年8月20日、アフリカCDC（疫病予防管理センター）所長のジョン・ンケンガソング博士が、「アフリカ大陸で一日の平均感染者数が約11万から10万に減少してきた。この数カ月間で、約一千万人の検査を行ってきた」と、コロナ収束の兆しを語った。BBC英国TVは、「Sign of hope（希望のサイン）」と銘打ってアフリカのコロナを報道した。因みに、アフリカの全人口は、2019年の推定で10億6,600万人とされているから、その1%が検査を受けたことになる。

　2020年9月26日のジョンズ・ホプキンス大学報告によると、アフリカ大陸全体の新型コロナウィルス累積感染者数は、1,451,964人に上っている。一番多いのが南アフリカの669,498人、二番目がモロッコの115,241人、三番目がエジプトの102,730人、四番目がエチオの72,700人、五番目がナイジェリアの58,198人、となっている。　西サ

ハラは10人と記録されているが、8月の段階で西サハラ難民政府自身が25人以上と公表している。この数字はおかしい？

さて、3日後の9月29日午前3時（日本時間）には、世界のコロナ感染者数累計は世界全体で3321万3739人となり、亡くなった人は99万9,202人に上った。一番が多いのがアメリカで、インド、ブラジル、ロシア、コロンビア、が続いている。

そして、7時間後の9月29日午前10時（日本時間）亡くなった人は100万人を超え、1,000,555を数えてしまった。新型コロナウィルスはいつ、収束に向かうのか？

西サハラ難民キャンプ放送局で、アフリカのスポーツを語るサラー

3　サラーにコロナ禍

　「僕は、トレーニング・クラブがあるフランスにいるよ」と、サラーからメールが入った。2020年7月半ばの事だ。サラーと連絡が取れるようになったので、〈サラーの話〉を続ける。サラーファンの方も、サラーに何か聞きたいことがあったら、ご一報ください。それにしても、7月29日の段階で、まだフランスはアルジェリアに対して国際線を封鎖したままのようだ。

　アルジェリアの西サハラ難民キャンプにいたサラーは、どうやって地中海を越えて、フランスに戻ったのだろうか?

■ 西サハラ難民キャンプで足止めを食っていたサラー

　「今、ブジュドウール難民キャンプの親戚のテントに居候している。難民政府があるラボニ難民センターじゃないから、電話が繋がりにくいんだ」と、3月の上旬、サラーから雑音混じりの電話が入った。電話回線の状況が悪いと、当然、インターネットも繋がりにくい。難民センターのあるラボニは、アルジェリアから電気も水も貰っているし、電話も繋がり易い。が、一般の難民は、ラボニ難民センターから砂漠に奥深く入った、五つある難民キャンプ群の一つで暮らしている。大部分の外国人訪問者は、ラボニ難民センターにある宿泊所に収容される。フランスから来たサラーも同様で、サハラマラソンのイベントが終わるまで、ラボニ難民センターで面倒をみてもらっていた。3月に入ってサラーは、親戚が住むブジュドウールという名の難民キャンプに移った。センターでもキャンプでも、訪問者から宿代や食事代は取らない。

　「3月半ばにはフランスに戻るから、そしたら連絡を取り合おう」と、サラーは電話を切った。例年通り3月の後半から、フランスでのトレーニング予定を組んでいたサラーは、航空券の予約も入れていた。万事順調だった。ところが、3月11日にWHO(世界保健機関)テドロス事務国鳥が、「新型コロナウィルスはパンデミック(世界的伝染疫病)

だと、宣言した。3月15日にマクロン仏大統領が緊急事態宣言を出した。と同時に、フランスは国境閉鎖に入り、多くのフライトがキャンセルされた。サラーのアルジェ〜パリの航空便もキャンセルされた。

そして、3月24日、新型コロナウィルス感染拡大を受けて、2020年7月24日から8月9日まで予定されていた2020東京オリンピックが延期された。3月30日、東京オリンピックは2021年7月23日から8月8日までと決まった。多くのオリンピック参加選手や候補選手の頭の中は、真っ白になった。競技日程に合わせて、秒読みに近いスケジュールでトレーニングを積んできたのだから…。が、オリンピック出場の可能性を探ってきたサラーにとって、一年の延期はありがたかった。サラーは、トレーニング・クラブがあるフランスに一日も早く戻って訓練を再開し、FOC（フランス・オリンピック委員会）と交渉してみようと決心した。

4月の頭に、「今、フランス大使館からの連絡を待っている。フランスがアルジェ〜パリ間に特別機を出すそうなので、それに乗せてもらう交渉をしているんだ」と、サラーから連絡が入った。「グッドラック！ボンボヤージュ‼（幸運を祈る！　楽しい旅を‼）」と、筆者は弾んだ返事をした。一般のフランス国際便は3月29日から6月中旬まで欠航となっていたのを知っていたので、心からこの幸運に「グッドラック」と言いたかった。

ところが、「大変だよ！　砂漠の難民キャンプはとんでもなく暑い。そこへもってきて、ラマダン（断食月）だ。昼間は誰も働かないし…」と、サラーから途切れ途切れの電話が、4月末に入った。「ええ〜〜！まだ難民キャンプにいるの？」筆者は問い返した。「結局、特別機は飛ばなかったんだ。フランスの通常国際便開通を待つしかないのかも…」と、サラーは焦っていた。難民キャンプでもラマダン（断食月）が、4月25日から始まって5月25日まで続いていた。日中は50度に届く酷暑の中で、日の出から日没まで飲まず食わずという断食の行は、想像以上に苦しい。「ワオ〜！　熱い季節の断食は大変だね！　練習はどうしているの？」と、質問したら、「週に3回ぐらい…　軽く体を動かしている」と、カスカスの声が返ってきた。

■ 6月末、パッタリ、サラーと連絡取れず

2020年の断食月は5月24日に終わった。筆者はイスラム教徒ではないけど、「ハピー・イード、フォー・ユア・ファミリー（ご家族の皆さんに、断食明け祭りおめでとう）」と、サラーに断食明けのお祝いメールを送った。「家族に宛てたお祝いありがとう。僕の家族は男が3人、母を入れて女が5人。みんな結婚していて子供を抱えている。未婚は僕一人だ」とサラーから返事がきた。

これまで様々なインタビューで、「僕には、西サハラとフランスの家族に責任がある」と、言ってきたので、筆者は、西サハラの家族とはモロッコ占領地に残した母親と兄弟たちのことで、フランスの家族とはサラー自身の家族を指すのだと思っていた。が、サラーの返事で、彼の言う家族とは、母と兄弟とその子供たちだと分かった。期せずして、みんなが知りたかったサラーの身元調査が、クリアーになった。

断食が明けて6月に入り、世界の新型コロナウィルス感染者は益々、増えていった。飛行機の有無よりもコロナが心配で、アルジェリアの西サハラ難民キャンプに、何度も何度も電話をした。やっと、6月の頭と半ばにサラーと繋がった。「熱いよ〜、まだ難民キャンプだよ…」と、意外に元気なサラーの声が返ってきた。

サラーは、このまま西サハラ難民キャンプに定着するのではないか？　と、思ったりした。

そうなったら文字通り、〈西サハラ難民キャンプアスリート〉になる。そうすれば、最新サラー記録映画を作る時も、西サハラ難民キャンプで生活し練習する姿を撮影し、もしもオリンピックの出場が可能になったら、西サハラ国旗を振る難民の子供たちに見送られて出発する楽しい映像が撮れる…　と、勝手に想像を巡らせていた。そのほうが、観る人にとって分かりやすい。正確に言うと、サラーの身分は西サハラ難民キャンプの難民ではなく、フランスに亡命した西サハラ人で、フランスに居住する難民なのだ。

6月末、サラーの難民キャンプの連絡先に電話を入れた。フランスの電話連絡先にも入れてみた。何度もメールを入れた。が、全くサラーからの返しがなかった。

▎7月7日、ヌアクショットでフライト待ち？

　「僕は今、モーリタニアの首都・ヌアクショットの飛行場にいる。連絡を入れないでゴメン！　ご了承ください。フランスに落ち着いたら報せるね…」と、サラーから短いメールが入った。なんでモーリタニア？　なんで難民キャンプから 2,000km 以上離れたヌアクショットに？　限りなく？？？？？が出てきたが、サラーの落ち着くのを待った。

　そして、7月半ば、サラーが？？？に答えてくれた。ではこれから、サラーが語る砂漠縦断記をお伝えします。

　「7月1日からフランスが国境を開く予定だというニュースをラボニ難民センターから聞いて、6月の半ばに、アルジェ発パリ着の飛行機の予約を取ろうとしたが、フランスは国際線を閉鎖したままだという理由で、アルジェリアの航空会社に断られた。僕は荷物をまとめて、ラボニ難民センターに引っ越した。そして、他にパリに飛ぶ方法がないかとラボニ難民センター長に相談した。〈モーリタニアの首都ヌアクショットから国際便が飛んでるよ〉と、嬉しい声が返ってきた。〈それにするよ！〉と、僕は即答した。〈よし、明日の朝7時に出発だ。車とガスと食料は今晩中に準備しておく。ヌアクショット西サハラ大使館に行く4人に便乗すればいい〉と、ラボニセンター長が快く承諾してくれた。ラボニセンター長は、外国から難民キャンプに来る NGO 支援者やプレスの宿泊、食事、移動の車、要人とのインタビューなどなどの一切を取り仕切っている。その夜8時、モーリタニアに行く運転手を含む5人と一緒に夕食を摂った。実験農場でとれたニンジンとじゃがいもと援助物資の豆との煮込みに、砂混じりのパン。これがラボニセンターでの〈最後の晩餐〉だと思い、スープの一滴まで飲み干した。〈明日は7時に出発だ〉と、旅のリーダーが念を押した。僕は、ラボニセンターの鉄網のベッドに身を沈ませた。

　翌朝、僕は6時半に起こされラボニセンターの食堂で旅の仲間5人と、コーヒーとパンと支援物資のマーガリンやジャムで朝食を摂った。〈夜まで食わないからしっかり食っとけ。全長 2,000km 以上の長旅だ〉とリーダーに言われた。僕はその時まで砂漠を越えて全長 2,000km を

陸路で走破するとは、思ってもみなかった。多分、近場の地方飛行場からモーリタニアの首都ヌアクショットまで飛ぶものだと予想していた。が、僕以外は経験者と見えて、ケロッとしている。〈サラー、お前は砂漠の長旅が初めてだったな。頭を天井にぶつけないように気を付けろ！〉と、旅のリーダーは僕に気を使って、一番安全な助手席に座らせてくれた。

　トヨタのランドクルーザーは時速80kmで走り出した。15分ぐらいで舗装道路を外れ、砂漠に入った。道などない。轍の後を追うポリサリオ兵士の運転手は、鼻歌混じりでハンドルを切る。〈どれぐらいかかるんですか？〉と、運転手に聞いたら、〈モーリタニア北端のヌアデイブまで、何も事故が無かったらマル四日だね。ヌアデイブからヌアクショットまでは道があるから楽だ。7、8時間でいける〉と答えた。ええ〜〜⁉　調子の悪い腰がますます酷くなるのでは…　とか、色んな心配事が次々と沸いてきたが、引き返すことはできない。腹をくくって車の揺れに身を任せ、運転手に命を預けた。運転手に僕の不安が伝わったのか、〈ヌアクショットに着いたら、市場で子供の晴着を買ってやるんだ〉と、えくぼを見せて僕にウィンクをした。

　4時間ほど走ったら車と運転手を休ませるために、タルハの木を見つけ、タルハの枯れ枝に火を点け、お茶っ葉と砂糖と水を小さい琺瑯びきのヤカンに入れ、甘茶を沸かした。砂埃と熱さで痛めつけられた喉を癒すには、西サハラ伝統の甘茶が一番だ。夕方には国連とポリサリオ戦線の基地があるテイファリティという寂れたオアシスに着いた。その夜はテイファリティのポリサリオ基地で夕食を摂り、基地の小部屋で雑魚寝をした。僕たちの無事な到着をラボニ難民センターに報せる、無線機の音が響いていた。この基地には電話回線などないから、未だに無線で交信しているのだ。

　翌6月23日の早朝、ランドクルーザーにはガスを、人間には水を補給して、僕たちはテイファリティ基地を出発した。テイファリティを出ると、対向車には全く出くわさず轍の跡も殆どなく、運転手の経験と土地勘だけが頼りになってくる。4時間ほど走って甘茶タイムを取ったら、ひたすら西サハラの難民政府解放区を南に向けて走り続けた。その日の夜、国連の小さい駐屯所があるミゼクに着いた。その夜

3　サラーにコロナ禍

69

は国連駐屯所の傍で枯れ枝を燃やし少量の水を沸かし、鍋にふたをして スパゲッティを蒸かした。スパゲッティが柔らかくなったら、大きいツナ缶を二つ開けて鍋にぶち込みかき回す。ツナの油と塩が混ざったら、数個のトマトを丸のまま入れさらに煮こむ。焚火に気付いたのか、国連駐屯所の中で人の気配がした。が、出てこなかった。〈国連は西サハラ人に声をかけたり宿を貸すような親切心はない。事故った時には助けてもらうさ〉と、旅のリーダーは僕に囁いた。その日は寝袋で野宿をした。

　6月24日も早朝出発し約350km南下し、遊牧民のテント集落があるザグには日暮れ前に着いた。野宿の最後となる晩餐も、ツナ・トマト・スパゲッティを作り、甘茶で乾杯した。この頃になると、僕は腰の痛みなどすっかり忘れて、砂漠のラリーに夢中になっていた。

　6月25日は夜明け前にエンジンをかけ、約400km離れたヌアディブへ日没前に着くことを目指して、甘茶タイムを短縮しひたすら西へ急いだ。そして、午後4時半過ぎにモーリタニア第二の街ヌアデイブに着いた。砂まみれの僕ら6人は、まるでパリ・ダカール・ラリーに優勝したかのように抱き合って、シャンペン代わりにペットボトルの水を掛け合った。

　ヌアデイブの国境検問所で数時間もかかったのは、モーリタニア入国ビザ取得のためではない。西サハラ難民政府が発行する〈SADR サハラウィ・アラブ民主共和国〉のパスポートを持っていれば、モロッコを除くアフリカ諸国にビザなしで入れる。僕たちを煩わせたのは、新型コロナウィルスの検査だった。人間だけでなく積み荷から車体に至るまで検査し、消毒させられた。

　ヌアデイブの国境検問所を出た時には、夜になっていた。その夜はポリサリオ戦線ヌアデイブ出張所で、大西洋の波音を聞きながらグッスリ眠った」

　「僕は、その週が明けてから、ヌアディブにあるフランス領事館でヌアクショット発パリ着の飛行機便を確認した。ポリサリオ戦線ヌアデイブ出張所で一番早い便の予約を入れてもらい、返事を待ちつつ、砂漠のラリー仲間と約500km離れたモーリタニアの首都ヌアクショットに向かった」と、サラーは話を続けた。

　サラーは、地中海ではなく大西洋を越えて、亡命先のフランスに戻った。　４か月間の留守で支払いは溜まるし収入はないしで、財政ピンチだそうだ。練習そっちのけで、アルバイトの毎日を送っているとか…　コロナのおかげで、世界中のピンチもまだまだ続きそうだ。

　参考までに、モーリタニアのミニ情報を記しておく。モーリタニアは西サハラと長い国境を接する、アフリカ北西部の共和制イスラム国家だ。2015 年の統計によると、全人口が 4,067,564 人、首都ヌヌアクショット人口が約 945,000 人、ヌアデイブ人口が 118,167 人となっている。西サハラのように、国土の大部分が砂漠だ。

3　サラーにコロナ禍

西サハラ民族衣装でヨーロッパ・メデイアのインタヴューに応じるサラー

4 昨日のオリンピックは明日のオリンピックではない

「昨日のオリンピックは明日のオリンピックではない」という名言を発したのは、IOC（国際オリンピック委員会）委員でパリ 2024 オリンピック組織委員のギィ・ドゥリュ元フランス・スポーツ大臣だ。彼は、〈2020 オリンピック〉延期決定後の 2020 年 4 月 26 日、フランスの公共放送グループ「France Info（フランス・インフォ）」で、オリンピックについての自論を披露した。

　新しいオリンピック案には、「プログラムに追加するスポーツの数を制限すること」とか、「今ある施設を利用するため、他国での競技を認める」など…　前述の名言と共に、興味あるテーマをたくさん提案している。

▎昨日のオリンピック

「オリンピックで重要なのは、勝つことではなく、参加することに意義がある…」とは、近代オリンピック創設者・クーベルタン男爵（1863 ～ 1937）の名言とされている。が、実は、アメリカのエセルバート・タルボッタ・ペンシルバニア大司教が、アメリカ選手団を激励するために発した言葉だった。その台詞をクーベルタン男爵が、オリンピック晩餐会で借用したら、クーベルタンの名言となってしまった。しかし、〈今日のオリンピック〉では、クーベルタン名言は全く無視され、「オリンピックは参加することではなく、勝つこと」と、なってしまっている。

　フランス帝国時代にパリで生まれたクーベルタン男爵は教育者となり、イギリス・パブリックスクールの心身を鍛える厳しい教育を範とした。ヒットラーの強さと規律に感銘し、ナチス・ドイツが 1936 年のベルリン・オリンピックで示した情熱に感動した。彼は社会進化論の信奉者であり、優れた人種は劣等人種に社会的恩典を与えなくてもよいと考えていたそうだ。彼の後継者だったアベリー・ブランデージ（アメリカ人、IOC 会長任期 1952 ～ 1972）や、フアン・アントニオ・

サマランチ（スペイン人、独裁者フランコのファランヘ党員）も、ナチ寄りの政治思想を持っていた。オリンピック本体は、当初から政治的だった。

　「オリンピックは政治と関係ない」？　と、ブランデージIOC会長（当時）が、黒人差別反対を訴えた金メダリストと銅メダリストを、オリンピックから永久追放した。時は1968年10月17日夕刻、所はメキシコシティ・オリンピック。男子200mを19秒の世界記録で優勝したアフリカ系アメリカ人のトミー・スミスと2位のオーストラリア人ピーター・ノーマンと3位のアフリカ系アメリカ人ジョン・カーロスの3人はOPHR（Olympic Project for Human Rights 人権を求めるオリンピック・プロジェクト）のバッジをつけて表彰台に上がった。アメリカ国歌が演奏され星条旗が掲揚される間、二人のアフリカ系アメリカ人は首を垂れ、黒の手袋をはめた拳を高々と突き上げ〈ブラック・パワー・サリュート（アメリカ公民権運動を支持）〉の意思表示をした。

　二人は黒人の貧しさを訴えるため、靴を履かず靴下で表彰台に上がった。スミスは黒人の象徴である黒いスカーフを、カーロスは白人至上主義者のリンチで死んだ黒人を悼むためにロザリオを着けていた。

　アメリカ人のブランデージ会長（当時）は、即刻、二人をアメリカ・ナショナル・チームから除名し、オリンピック村から追放した。IOCの広報官は、2人のパフォーマンスが「オリンピック精神の基本原理に対する計画的で暴力的な違反」と、断定した。

　スミスとカーロスは、事件後アメリカ・アマチュア・スポーツ界から追放された。そして、スミスはオリンピック後、アメリカン・フットボール・チーム・シンシナティ・ベンガルズに入団した。その後、オーバリン大学の体育学助教授に着任した。現在はコーチや講演をしながら、黒人の権利獲得運動を続けている。カーロスは、オリンピック直後、陸上競技を続け、男子100mの世界記録に並ぶ記録を打ち立てた。が、1970年にはアメリカン・フットボール・チーム・フィラデルフィア・イーグルスに入団した。しかし、怪我や妻の自殺などの不幸が続いた。現在はパームスプリングスの学校で陸上のコーチをしている。

　ブランデージ会長（当時）は、オリンピックにプロフェッショナリ

ズムが持ち込まれることを忌み嫌った。1972年冬季札幌オリンピックでは、オーストリアのカール・シュランツ（男子アルペンスキー）が、プロであるとの理由で競技から排除された。〈反ユダヤ主義・ブランデージ〉の名を世界に知らしめた事件として、1972年夏季ミュンヘン・オリンピック襲撃がある。1972年9月5日4時40分、オリンピック開催中にパレスチナ武装組織〈黒い九月〉が選手村を襲い、ユダヤ人国家であるイスラエルの代表選手11人を殺害した。事件が終結した真夜中、ブランデージはオリンピック競技の継続を命令した。ブランデージへの非難は多かったが、オリンピックから去る選手はほとんどいなかった。反ユダヤ主義のブランデージは9月6日午前10時から行われた追悼式の演説で、殺されたイスラエルの選手には一切触れず、オリンピック精神の強さを自画自賛した。同日9月6日午後4時50分、34時間ぶりにミュンヘン・オリンピックは再開された。

　ブランデージはミュンヘン・オリンピック後の1973年に、IOC会長を退いた。ブランデージの退陣と共に、1974年ウィーンでのIOC総会でオリンピック憲章からアマチュア条項が削除された。プロ選手の参加は各競技の国際競技連盟に任されることになった。

■ 今日のオリンピック

　〈近代オリンピック〉は創設者クーベルタンを継ぐ、規律あるナチズムに倣った精神主義だったようだ。〈現代オリンピック〉は、儲かるオリンピックを目指す〈商業主義〉と言える。オリンピックを〈アマチュアリズム〉から〈プロフェッショナリズム〉へと、180度の変換をさせたのは、1984年のロサンゼルス大会だった。この画期的な大会はオリンピックをショービジネス化し、約2億1,500万ドルの黒字を上げた。スポンサーを「一業種一社」に絞りスポンサー料を吊り上げ、聖火リレー走者からも参加費を厳しく徴収し、大会進行の雑用はボランテイアーに無料奉仕させ、商売商売で黒字を達成した。「オリンピックを最高の選手が集う場にする」というIOCの方針で、プロ選手の参加が奨励された。かくして、オリンピックは回を重ねる毎に、〈より強烈に、より派手に、よりショッキングに〉となっていった。

　当然、IOCも世間も、競技者より金を出すテレビ局やスポンサーの

意向を優先させることになってくる。アメリカのテレビ局 NBC は、
〈2020 年東京オリンピック〉の競技時間を、局などが希望する放映時
間に合わせさせたし、アメリカ国内のプロスポーツスケジュールが
ファーストで、オリンピック開催時期を酷暑の 7 〜 8 月に設定させた。
金を出す者がファーストの〈今日のオリンピック〉を象徴している。

　東京オリンピック・パラリンピック競技大会関係者などによると、
オリンピックのスポンサーシッププログラムは 4 つの階層からなるそ
うだ。最上位のものが IOC のオリンピックパートナープログラム。基
本的には 4 年単位の契約で 1 業種 1 社に限定されており、毎回計 9 〜
11 社ほどが契約を結んでいる。東京 2020 をサポートしている最上位
の〈オリンピックパートナープログラム〉は、コカ・コーラ、アトス、
ブリヂストン、GE、ダウ、マクドナルド、パナソニック、P ＆ G、ト
ヨタ、ビザの各社だ。最上位の〈オリンピックパートナープログラム〉
は指定された製品カテゴリーの中で独占的な世界規模でのマーケティ
ング権利と機会を受ける事ができる。また、IOC や各国オリンピック
委員会、オリンピック組織委員会といった関係団体と共に商品開発な
どをする事も可能である。

　その他の 3 つの階層は国内向けのスポンサープログラムになり、国
内最上位のゴールドパートナー（一社の年間契約料金が約数十億円）、
オフィシャルパートナー（一社の年間契約料金が約数億円）、オフィ
シャルサポーターから構成されている。中核となる国内契約スポン
サーは、〈東京 2020 オリンピック・パラリンピック競技大会〉を含む、
6 年間に及ぶオリンピック・パラリンピックの日本代表選手団に対す
るパートナーとして、呼称やマークの使用などをはじめとした権利を
行使することが可能となる。

■ 明日のオリンピック

　〈明日のオリンピック〉とは、日本が挑戦している〈コロナ禍のオ
リンピック〉だ。

　2021 年東京オリンピックを〈2020 東京オリンピック〉と名称にこ
だわり続ける、律儀な日本政府のオリンピックだ。一般庶民は些かウ
ンザリしている。が、東京オリンピックのスポンサーのため、日本政

府はコロナ感染状況を操作し、ワクチン獲得のため奔走している。

　しかし、完全な形を目指した日本政府の〈昨日のオリンピック〉は、もう存在しえない。

　〈明日のオリンピック〉は、必然的にコロナ対策優先の国際スポーツ競技大会となりそうだ。そんな制約だらけの中で、一般庶民も喜んで後押しできる〈東京オリンピック〉を、工夫と創意で作って欲しい。思いつくまま庶民のお願いを挙げてみる。

①東京オリンピック誘致の際に挙げた、〈福島復興オリンピック〉という旗を、再び、高々と掲げて欲しい。

②競技者の人格を尊重して欲しい。競技者の意見に耳を傾けて欲しい。競技者はスポンサーの奴隷ではない。〈ブラック・ライブズ・マター〉や〈香港民主化運動〉がスポーツ界にも広がっている。運動に共感する競技者を、真摯に受け止めて欲しい。

③商業主義のオリンピックが、ほんの僅かな人件費を節約するため、〈ボランテイア〉などという耳障りの良い言葉で、庶民をタダ働きさせるのは止めて欲しい。

　サラー・ファンの皆さま、東京オリンピックへの注文がありましたら、ご一報ください。

　近代オリンピック創設者クーベルタン男爵が絶賛した〈ナチヒットラー・ベルリンオリンピック〉で、孫基禎（そんきてい）選手が日本代表として男子マラソンで優勝した。孫選手は朝鮮人だったが、当時の母国は日本の占領下にあり、日本代表として走らざるを得なかった。モロッコ代表として走らざるを得なかったサラーの悔しさに通じるものがある。

　詳しく知りたい方は、社会評論社出版の〈評伝　孫基禎　スポーツは国境を越えて心をつなぐ〉を読んでみてください。

　2019年、元フランス・スポーツ大臣ドゥリュ氏は、IOC 国際関係部門ディレクターのソフィ・ローラン氏とともに「オリンピック精神を、ユネスコの無形文化遺産に登録を」と、「パリ 2024 組織委員会」に提案した。そして 2019 年 10 月、同委員会はマクロン大統領と IOC のバッ

ハ会長に同案を提出した。　が、提案はコロナ襲来前のこと。ドゥリュ
氏は自らの提案を自らの名言によって〈昨日のオリンピック〉と、葬
り去ることができるのだろうか？

　フランスでは今もコロナ感染者が増え続け、2024 年のパリ・オリン
ピックを危ぶむパリ庶民の声が、広まってきている。

4　昨日のオリンピックは明日のオリンピックではない

2009 年、ロンドンの西サハラ・文化イベントに参加した時のス
ナップ

5　オリンピックに出ても出なくても走り続ける

　「アスリートの夢はオリンピック」というのが常識のようだ。小さいころから〈走り〉が速くて、いつも一番でテープを切ってきたサラーは、モロッコ陸上界から目をつけられ、オリンピック候補としてスカウトされた。しかし、モロッコはサラーの故郷を占領支配する国で、サラーはモロッコ国旗のためにオリンピックに出ることなど、考えもしなかった。サラーが21才の時、モロッコの鎖を断ち切ってフランスに亡命した。フランスでも、フランス国旗の下でオリンピックに出ないかというお誘いがあったようだ。が、「僕は西サハラ人」と、断ったそうだ。西サハラはIOC（国際オリンピック委員会）に加盟していないので、サラーにとって〈オリンピック〉は、夢にも出てこない存在だった。

▌難民五輪選手団

　そんなサラーにオリンピック参加の夢を与えてくれたのが、〈難民五輪選手団〉の存在だった。サラーはその存在を、2019年に初めて知った。

　サラーが参加してもいいと思う、〈難民五輪選手団〉は、IOC（国際オリンピック委員会）のコード名でROT（Refugee Olympic Team）と、なっている。

　2016年6月3日、トマス・バッハIOC（国際オリンピック委員会）会長がスイス・ローザンヌにあるIOC（国際オリンピック委員会）本部に於いて、2016年8月リオデジャネイロ・オリンピックで初めて結成する〈難民五輪選手団〉のことを、公表した。そして、2016年8月5日、リオデジャネイロの開会式では、ローズ・ナディケ・ロコニエンが掲げるオリンピック旗を先頭に、計10人の難民五輪選手団がスタンデイングオベーションに迎えられて、堂々の行進をした。が、〈難民五輪選手団〉のクライマックスは、開会式で始まり開会式に終わった。結局、メダルも入賞者もなし…　まさに、勝つことではなく参加

することに意義がある〈難民五輪選手団〉の初舞台だった。

　敬意を表して、10名の名前と出身国と（亡命受け入れ国）と競技名を紹介しておく。

　①陸上競技

　＊ジェームス・ニャン・チェンジェック　南スーダン（ケニア）男子400m

　＊イエーシュ・ピュール・ビエル　南スーダン（ケニア）男子800m

　＊パウロ・アモトゥン・ロコロ　南スーダン（ケニア）男子1,500m

　＊ヨナス・キンド　エチオピア（ルクセンブルク）男子マラソン

　＊ローズ・ナティケ・ロコニエン　南スーダン（ケニア）女子800m

　＊アンジェリーナ・ナダイ・ロハリス　南スーダン（ケニア）女子1,500m

　②柔道

　＊ポポル・ミセンガ　コンゴ民主共和国（ブラジル）男子90kg級

　＊ヨランデ・マビカ　コンゴ民主共和国（ブラジル）女子70kg級

　③競泳

　＊ラミ・アニス　シリア（ベルギー）男子100mバタフライ

　＊ユスラ・マルディニ　シリア（ドイツ）女子200m自由形

　東京オリンピックでも〈難民五輪選手団〉が予定されている。IOC（国際オリンピック委員会）のバッハ会長は2019年6月20日、スイスのローザンヌで記者会見し、2020年東京五輪での〈難民五輪選手団〉結成に向けてシリアやアフガニスタン、南スーダンなど9カ国出身の37選手を支援すると明らかにした。しかし、新型コロナウィルスは東京オリンピックを一年延期させ、〈難民五輪選手団〉のメンバー発表も2021年6月20日の〈世界難民の日〉に延期させた。

　〈難民五輪選手団〉のスポンサーは、〈オリンピック難民財団〉だ。2015年9月15日に投稿された国連UNHCR協会の記事で、「IOC（国際オリンピック委員会）と20年前から一緒に企画してきたオリンピック難民財団は、会長にバッハIOC（国際オリンピック委員会）会長が

就任し、副会長に私が就いた」と、フィリッポ・グランディ UNHCR（国連難民高等弁務官）が語っている。当初は、難民の子供たちを対象に、スポーツ施設の整備やスポーツ活動を行うため始めた企画だったそうだ。20 年前というと、故緒方貞子氏（任期 1990 年〜 2000 年）が UNHCR（国連難民高等弁務官）を務めていた頃の話だ。

〈難民五輪選手団〉に入ると、難民選手にとって二つの大きな利点がある。まず、オリンピックに参加する権利を得ることができる。そして二つ目に、ケニアにあるスポーツセンターで合宿することができる。帰る所を失った難民にとって、練習場所の確保はありがたいことだ。

UNHCR（国連難民高等弁務官）によれば、難民と国内避難民は 2019 年末の時点で、約 7,950 万人（世界全体）。その上、世界は今、新型コロナウイルスの感染拡大の脅威に曝されている。難民キャンプでは 3 密が避けられず、ウイルスの情報や医療物資も不足している。約 17 万人がいる西サハラ難民キャンプでも、8 月に入って初めて新型コロナウィルス感染者が出てきた。「2020 年 8 月 12 日までの感染者累計は 16 人で、そのうち死者が 2 人、回復者が 9 人」と、西サハラ難民政府が発表した。その後、西サハラ難民キャンプの新型コロナウィルス感染者数累計は 25 人に増えたそうだ。

■ サラーは難民五輪選手団に入る資格があるのか？

運動能力のある難民だったら誰でも〈難民五輪選手団〉に入れる、というわけにはいかないようだ。IOC（国際オリンピック委員会）の規約で、必須とされている条件を 2 点、上げておく。その一は、UNHCR（国連難民高等弁務官）が認定する難民であること、その二はプロのスポーツ技術と競技経験が豊富であること、と規定している。

さて、サラーの場合は？…　その一に関して、西サハラの難民でフランスの亡命難民であるサラーが、UNHCR（国連難民高等弁務官）の認める立派な難民であることは、間違いない。その二に関して、12 才から 38 才に至るまでの競技歴を持つ、立派なプロのアスリートであることも証明されている。客観的に見て、サラーが〈難民五輪選手団〉の条件を立派に満たしていることは、間違いない。

　サラーの半生を知る皆さんは、どう思われますか？

　2019年10月11日、西サハラ難民政府のアハメド・ラハビブ青年ス
ポーツ大臣が、サラーに対する推薦状を、トマス・バッハIOC（国際
オリンピック委員会）会長と森喜朗2020東京オリンピック・パラリ
ンピック組織委員会会長に送った。〈難民五輪選手団〉の参加を決め
るのはIOC本部だと判明し。筆者は改めてメールで、バッハIOC（国
際オリンピック委員会）会長に宛てた推薦状とサラーの経歴と身分証
明書を送った。2019年11月11日、そのIOC（国際オリンピック委員
会）本部から、「サラー氏の競技活動に興味があるので、経歴と競技
記録を本人からIOC（国際オリンピック委員会）まで送らせるように」
と、筆者宛てにメールがきた。即、サラーにIOC（国際オリンピック
委員会）のメールを転送。2019年11月14日、サラーは経歴と競技記
録を、IOC（国際オリンピック委員会）本部に送った。　2019年11
月30日、再び筆者宛てにIOC（国際オリンピック委員会）本部から、「サ
ラー氏はFOC（フランス・オリンピック委員会）と連絡を取らなけれ
ばならない」と、メールが入った。　サラーにメールを転送。2019年
12月6日、FOC（フランス・オリンピック委員会）の介入にサラーは
不安を覚えたが、メールでFOC（フランス・オリンピック委員会）に
連絡を入れた。サラーの身分証明書はフランス政府発行の難民となっ
ている。つまり、難民サラーのホスト国はフランスになるわけで、〈難
民五輪選手団〉に入団するにはホスト国フランスのお墨付きがいるよ
うだ。

　が、2019年末まで、FOC（フランス・オリンピック委員会）から何
の返事もこなかった。筆者は、クリスマスや年末で忙しいんだと、気
にとめなかったが、2020年になって、サラーから、「FOC（フランス・
オリンピック委員会）から何も連絡がないのはおかしい」と、再三、
メールが入った。そこで、数回にわたって、「サラーは昨年から待ちっ
ぱなしです。いくら何でも2か月以上、ほったらかしにしておくのは、
失礼です」と、FOC（フランス・オリンピック委員会）にメールを入
れた。一方、サラーはFOC（フランス・オリンピック委員会）の返事
を待ちながら、例年通り、2019年2月半ばには、パリからアルジェ経

由で、西サハラ難民キャンプのあるティンドゥフまで飛んだ。そして、2月26日の〈サハラ・マラソン〉10kmに出場し、優勝した。

　そして、3月半ば、フランスに着いたら、音沙汰のないFOC（フランス・オリンピック委員会）を直接訪ねてみようと、アルジェリアにある西サハラ難民キャンプで帰り支度をしていた。そこへ、「新型コロナウィルス感染拡大防止のため、フランス政府が空港を閉鎖」とのニュースが飛び込んできた。3月、4月、5月、6月と、サラーは西サハラ難民キャンプで、飛ばない〈アルジェ発パリ行き〉を待っていた。が、結局、一大決心をしてサハラ砂漠を4日間かけ走破し、モーリタニアからフランスに戻った。

▌ オリンピックに出ようが出まいが、走り続けるサラー

　サラーが西サハラ難民キャンプに閉じ込められていた2020年2月から6月にかけて、世界は劇的に変わった。新型コロナウィルスは世界地勢図を、まるで原爆投下直後の広島と長崎のように、更地にしてしまった。スポーツイベントや競技大会は延期か中止か、観客なしの大会を余儀なくさせられる。2020年東京オリンピックは2021年に延期され、その2021年開催すら、コロナ第二波に脅かされている。

　砂漠のラリーですっかり体力を消耗しきったサラーを待っていたのは、3か月間の家賃請求書だった。2019年の記録映画で、「僕は、一日に2回、一週間に160〜180kmを走っていた。僕自身で練習スケジュールを作り、トレーナーの助言をあおいでいた。が、今は、怪我と仕事と家族を抱えているので、練習は一日一回にしている。故郷西サハラとフランスにいる愛するひとたちのために、これまで一日、2度やってきたトレーニングを一度に減らし、コーチとしてスポーツ・クラブで働いている」と、サラーは語っていた。が、トレーニングをする前に、人の面倒を見る前に、コロナ禍の真っただ中でサラーはまず自分自身の生活を立て直さなければならなかった。

　「やっとトレーニングを再開している。毎日、自分にとって最上のフォームを見つけようと、苦労しているよ」と、8月13日に連絡が入った。よかった！　元気を取り戻せて…　サラーが訓練をするビアリッツは、スペインと国境を接する大西洋に面したリゾート地だ。

　ヨーロッパの王族貴族が寵愛する保養地だとか…　マクロン・フランス大統領は2019年8月先進国首脳会議の開催地に、このビアリッツを選んだ。サラーは10年来、ビアリッツ・アスリート・クラブに属している。

　一方、難民サラーのホスト国フランスにあるFOC（フランス・オリンピック委員会）は「2012年以降、国際レースに参加していない…」という理由で、サラーを〈難民五輪選手団〉に推薦することを渋っているそうだ。サラーは、「ちゃんと調べもしないで、イチャモンをつけてくる。FOC（フランス・オリンピック委員会）は僕が西サハラ人だというんで、妨害してるんだ」と、語る。FOC（フランス・オリンピック委員会）は、かってサラーがフランス国旗の下で走ることを断ったのを、根にもっているようだ。

　モロッコの元宗主国フランスは、現在もモロッコを経済的に仕切っていて、サラーの故郷であるモロッコ占領地・西サハラを新モロッコ観光地にしようと開発を続けている。コロナ禍でモロッコ本土の国際線を閉鎖したため、フランス・モロッコ観光事業は大打撃を受けた。その穴埋めに、モロッコ占領地・西サハラのミニ地方空港を利用し、観光客をせっせと送り込んでいる。

　あまりにFOC（フランス・オリンピック委員会）が不親切なので、8月半ば、IOC（国際オリンピック委員会）本部に、サラーと筆者は再びサラーの〈難民五輪選手団〉入りを、打診した。IOC（国際オリンピック委員会）陸上選手団連帯責任者のプロジェクト・マネージャーから、サラーに、「国際連盟が認めるレースでの最新結果を報せるように」と、連絡が入った。「僕は、2019年も2020年も国際レースで走っている。僕の名前を見つけられないのは、西サハラ人アマイダン・サラー（Amaidan Salah）というアスリート名で出ているからだ。この名前は国際陸連には登録されていない。僕のパスポート名はハマトウ・サラー・エッデイーン（Hamatou Salah Eddine）で、2004年から2015年までの古い競技記録はこのパスポート名で登録されている。だから、本名で検索しても2016年から後の新しい記録は登録されていない」と、筆者に愚痴る。「愚痴ってる場合じゃないでしょ…　さっさとアマイダン・サラーの名前で出た最新レースの記録を探して、IOC（国際オ

リンピック委員会）に報告すれば？」と、筆者が急かすと、「僕の目的はオリンピックに出る事じゃない。オリンピックに出ても出なくても。走り続ける…」と、サラーは答えた。

サラーは走る事が大好きだ。「西サハラ国旗のために走る」という大義名分もある。ただ、プロのランナーとして走力と体力を維持していくのは、金がかかる。スポンサーもマネージャーもコーチもいない一匹狼の難民サラーにとって、〈難民五輪選手団〉への参加は、願ってもないことだ。

サラーは納得のいく回答を得られるまで、諦めずに〈難民五輪選手団〉への参加交渉を続けるつもりだそうだ。東京が駄目なら、パリがある。その先にはロサンゼルスがある…。

IOC（国際オリンピック委員会）は、サラーの〈難民五輪選手団〉参加願いに、どんな最終判断を出すのか？…。楽しみです。

西サハラ難民キャンプ恒例の〈サハラマラソン〉で、併走するトヨタ・ランドクルーザーと競うサラー

資　料　篇

2013 年、長編記録映画「The Runner (走る人)」が
アイルランドのゴルウェイ映画祭に出品され入賞し
た。西サハラ民族衣装で臨んだサラー、左端は監督
のサイード・タジ・ファルーキ

1 映像と本と記事

■ 映　像

「The Runner（走る人）」 2013年公開　演出：サイード・タジ・ファルー
　　キ（エジプト系パレスチナ人）

「La Maraton de un pueblo」 演出・シナリオ・制作：スペインのガルシア
　　兄弟

「Amaidan Salah Interview」Asociacion de Comunicadores Populares de
　　Canarias

■ 本

「Historical dictionary of Western Sahara」（Authony D.C.Hodges：　著、
　　African Historical Dictionaries：刊）

「La Republique Arabe Saharauie Democratique, Passe et Present」
　　（Ministere de L'Information de la Culture de la R.A.S.D：刊）

「国際連合の基礎知識」（国連広報センター：編集、財団法人世界の動き社：刊）

「イスラム入門シリーズ」（イスラミックセンタージャパン：刊）

「奴隷と奴隷商人」（ジャン・メイエール著、創元社：刊）

「西サハラをめぐる紛争と新たな文脈」（「TEAS紛争と危機管理」研究班：
　　編集、株式会社パレード：刊」

「日刊ベリタ・アフリカ・西サハラ最新情報」（平田伊都子：著、日刊ベリタ：刊）

「赤いラクダ・ポリサリオ解放戦線体験記」（平田伊都子：著、第三書館：刊）

「サハラの狼・エルワリの生涯」（平田伊都子：著、読売新聞社：刊）

「ラストコロニー西サハラ」（平田伊都子：著、社会評論社：刊）

「アリ　西サハラの難民と被占領民」（平田伊都子：著、社会評論社：刊）

「Surrender is not an option（Western Sahara from P 367to369 P）」（by
　　John Bolton, Threshold Editions）

■ 記　事

「Sahara Press Service」（Information de la RASD ）

「Guernica」（Spanish Press）by Jasmin Ramsey：15 March 2016

「Nouadhibou News,」（the Mauritanian news website）Interview with
　　Yemenite diplomat and former ambassador to Malaysia, Dr. Hussein
　　Bahamid Al-Hadrami said

2 頭文字略語と外国語名称のミニ解説

AI（Amnesty International　政治犯救済国際委員会）

1961 年 5 月、ロンドンで発足。信条や人種、言語などを理由に投獄、拘禁、抑圧を受けた〈良心の囚人〉の救援が目的

AU（African Union　アフリカ連合）

1963 年 5 月 25 日に創設の OAU（アフリカ統一機構）が、発展改組したアフリカの統合組織。2002 年 7 月 9 日、エチオピアのアディスアベバに本部を置き、正式発足した。2020 年現在、すべての 55 アフリカ諸国が参加。SADR（サハラウィ・アラブ民主共和国）も正式加盟国として承認されている。

AL（Arab League　アラブ連盟）

1945 年 3 月、アラブの 7 か国がカイロで発足させた組織。中東の平和と安全を確保し、アラブ庶民の主権を守ることを目的とする。パレスチナを含む 21 か国が参加している。シリアだけが参加資格を停止されている。

Berbers（ベルベル人）

北アフリカ沿岸地方の先住民族で、ベルベル諸語を話す人々の総称。ギリシャ語の〈バルバロイ（不思議な言葉を話す人の意味）〉が語源だと言われている。ベルベル人の先祖は、タッシリ・ナジェールなどで石器文化を創った人々（約 1 万年前）と推測されている。

Bedouins（ベドウィン、砂漠の民）

アラビア語のバドゥ（砂漠）が語源。アラブ系遊牧民の総称でもある。

Berlin Conference（ベルリン会議）

1884 年 11 月〜 1885 年 2 月にかけて行われた、アフリカ分割を巡る調整会議。一般にヨーロッパ列強による〈植民地縄張り会議〉として知られている。列強の対立にドイツが調停役を引き受け、ベルリンで開いた。

COP（コップ、気候変動枠組条約締約国会議）

COP25 は 2019 年 12 月 2 日から 13 日にかけてスペインの首都マドリッドで行われた。

Decolonization（脱植民地化）

植民地が植民地支配国から独立を勝ち取ることを指す。第二次世界大戦以降の脱植民地化は国連が推奨し、1960 年 12 月の国連総会決議

1514〈脱植民地化独立付与宣言〉で、「住民の自決以外の原則はありえない」と明言している。脱植民地化は平和的に行われる場合もあれば、住民による武装革命で行われることもある。

EU（European Union　ヨーロッパ連合）

1967 年ヨーロッパ 7 か国で設立した EC（ヨーロッパ共同体）が発展したもの。2015 年現在、28 か国が加盟。ブリュッセルに本部を置き、統一通貨などを軸にヨーロッパ経済統合を目指しているが、難問題が山積。

FAO（Food and Agriculture Organization of the United Nations　国連食糧農業機関）

1945 年 10 月 16 日設立。本部をローマに置く、国連専門機関。食料、栄養についての普及や援助が目的。飢餓問題も取り扱う。

FOC（France Olympic Committee　フランス・オリンピック委員会）

ICJ（International Court of Justice　国際司法裁判所）

1945 年、国連の司法組織として設立された。オランダのハーグにある。国際的係争事件を審理するが、絶対的命令権はない。国連加盟国は自動的に加盟国となる。1975 年 10 月 16 日、国際司法裁判所 ICJ は、モロッコとモーリタニア両国の西サハラ領有権をはっきりと否決した。当時の西サハラは、まだスペインの植民地だった。

IOC（International Olympic Committee　国際オリンピック委員会）

オリンピックを主催し、オリンピックに参加する各種国際スポーツ統括団体を統括する組織。本部はスイス・ローザンヌにある。

IRC（International Red Cross　国際赤十字）

国際赤十字委員会、赤十字社連盟、各国赤十字社の三者を合わせた総称。最高決議機関として 4 年に一回、〈赤十字国際会議〉を開く。第一回は 1867 年にパリで開催された。

Maghreb（マグレブ）

北アフリカ北西部の総称。アラビア語の〈ガルブ〉（西）から派生した言葉。マグレブ連合は、チュニジア、リビア、アルジェリア、モロッコ、モーリタニアによって、1989 年 2 月に経済協力を目的として作られた。

MINURSO（Mission des Nations Unies pour l'Organisation d'un Referendum au Sahara Occidental というフランス名の略、国連西サハラ人民直接投票監視団）

西サハラ住民が独立かモロッコへの帰属かを決める人民投票を、監視し支援するため、1991 年 4 月 29 日に国連安保理で承認された組織。

Moors（ムーア人）

本来はモロッコ地方に住むベルベル人だったそうだが、7〜8世紀にか
けてイスラム軍に征服され、改宗混血したと言われている。後にスペ
イン人は〈モロス〉と呼び、その英語読みが〈ムーア〉。

NAN（Non Aligned Nations　非同盟諸国）

かっての東西両陣営対立時代、その両方に属さず、植民地主義の清算
を目指した国々を指す。アジア、アフリカなどの中立諸国が1955年、
インドネシアのバンドン会議で、その理念を採択。1961年9月にベオ
グラードで〈第一回非同盟諸国首脳会議〉が開かれた。2009年の時点で、
118か国が参加し、16か国がオブザーバー参加している。が、ソ連崩壊後、
新たな路線展開を探っている。

PKO（Peace Keeping Operations of the UN　国連平和維持活動）

戦闘が目的ではなく、あくまでも中立的な平和維持や軍事の監視が目
的。世界の紛争地域に派遣されている国連の組織。

POLISARIO（ポリサリオ戦線　Frente Popular para la Liberacion de Saguia
el Hamra y Rio de Oro という超長いスペイン名の略）

上記のスペイン名を日本語に訳すと〈サギア・エル・ハムラとリオ・デ・
オロ解放のための人民戦線〉となる。サギア・エル・ハムラ（赤い涸
れ川の意味）は西サハラ北部のアラビア語地名で、リオ・デ・オロ（金
の川の意味）はサハラ南部のスペイン語地名である。ポリサリオ戦線・
西サハラの解放運動組織は1973年にエルワリが創設した。

RFK Center（Robert F. Kennedy Center for Justice & Human Rights　正
義と人権のロバート・ケネデイー・センター）

1987年に創設されたこの団体は、ニューヨークに本部を置き、世界の
平和人権活動家たちを支援している。所長は暗殺されたロバート・ケ
ネデイーの娘、ケリー・ケネデイーで西サハラの人権活動を支援して
いる。

SADR（Saharawi Arab Democratic Republic　サハラウィ・アラブ民主共和国）

1976年2月27日、ポリサリオ戦線が創った西サハラ難民亡命政
府。アルジェリアのティンドゥフにある西サハラ難民キャンプが拠
点になっている。フランス名は〈La Republique Arabe Sahraouie
Democratique〉

Slave Treaty（奴隷貿易）

ヨーロッパ人は、アフリカの黒人をヨーロッパや新大陸アメリカや西
インド諸島に商品として輸出した。16世紀から19世紀にかけて、ヨー

ロッパ列強は特許会社を作って奴隷商売を競った。1833年イギリスが、1848年にフランスが、1863年にアメリカが奴隷制度を廃止したが、奴隷の売買は続いた。

TOCOG（東京オリンピック・パラリンピック競技大会組織委員会）
会長は森喜朗・元内閣総理大臣

UN（United Nations　国際連合）
1945年10月24日、国際連合が正式に発足した。国連と略した名前で呼ばれることが多いので、本書でも大部分を国連と称している。2014年現在の加盟国は193か国で、六つの主要機関とその下部機関からできている。ニューヨークに本部を置いている。

UNHCR（国連難民高等弁務官　The United Nations High Commissions for Refugees）
1951年、難民問題解決の為に設けられた国連機関。難民とは、人種、宗教、国籍、政治的信条などが原因で迫害を受ける恐れがあるため国外に逃れ、自国の保護を受けられない人々を指す。最近では、この狭義の難民に加え、国内国際紛争や飢餓などから逃れようとして国境を越えることを強いられた人々も対象にし、UNHCRは援助している。

UNSC（United Nations Security Council　国際連合安全保障理事会）
国連に於けるもっとも重要な機関で、略して安保理と呼ばれることが多い。国際平和と安全の維持に主要な責任を負う。加盟国に対し、軍事力による封鎖、経済と外交手段の中断、国連軍の創設、派遣の強制措置を取れる。決定は全加盟国に及び、加盟国は決定に従って兵力や施設などの提供をする。5常任理事国と10非常任理事国で構成される。5常任理事国は拒否権を持つ。

WFC（United Nations World Food Programme　国連世界食糧計画）
1961年国連総会とFAO国連食糧農業機関の決議により、創設された。世界の食糧増産と貿易安全保障を企画する。ローマに拠点を置く。

WHO（World Health Organization　世界保健機関）
エチオピア出身で、元保険大臣や元外務大臣を務めていたテドロス・アダノム・ゲブレイエスス博士が事務局長。

3　西サハラ独立運動小史と日本

1884 年　スペインが西サハラを植民地化（1975 までスペインは西サハラを占領支配した）

1960 年　12 月　第 15 回国連総会で植民地独立付与宣言が採決され西サハラも対象地域になる。

1973 年　5 月 10 日　ポリサリオ戦線（西サハラ独立運動組織）創設。

1975 年　10 月 12 日　西サハラ住民一斉蜂起（民族統一の日）

　　　10 月 16 日　国連司法裁判所が「モロッコの西サハラ領有権」を否決。

　　　11 月 6 日　モロッコが「緑の行進」と銘打ち、西サハラに越境示威行進。スペインはモロッコとモーリタニアに西サハラを分譲し、西サハラから撤退。モロッコとモーリタニア両軍に追われ、西サハラ住民が難民化。大部分がアルジェリアに逃亡。

1976 年　2 月 27 日　ポリサリオ戦線がアルジェリアの難民キャンプでSADR（サハラウィ．アラブ民主共和国）を創設。

1979 年　8 月 5 日　ポリサリオ戦線とモーリタニア軍の停戦後、モロッコ軍が西サハラ全土掌握を目指し軍事攻勢。

1982 年　2 月 22 日　OAU（現在の AU）が SADR（サハラウィ・アラブ・民主共和国）の加盟を正式に承認。それを不服とするモロッコは1984 年に脱退し、2017 年に AU 復帰。

1981 ～ 1987 年　モロッコが「砂の壁（地雷防御壁）」を作り約 600 万個の地雷を敷設。

1991 年　4 月 29 日　国連仲介でモロッコとポリサリオ戦線が停戦。〈国連西サハラ住民投票〉を両当事者が受諾。故エドワード．ケネディー等が米両院で住民投票支持を決議。「日本西サハラ友好議員連盟」（会長：江田五月議員）創設。数年後に自然解消。

1997 ～ 2004 年　ジェームス．ベーカー元米国務長官が国連事務総長個人特使として、ジョン・ボルトン元国連大使と共に国連投票実現を目指すが、モロッコの反対で失敗。

2007 年　モロッコは西サハラの領有権を主張し始め、西サハラをモロッコ国内の地方自治体として扱うという新提案を発表。国連の和平案である西サハラ人民投票を拒否。

2009 年　クリストファー．ロス元米外交官が国連事務総長特使として国連

主導の交渉を再開。

2010 年　6 月 12 日　日本民主党西サハラ問題を考える議員連盟（会長：生方幸夫議員）設立。

2010 年　6 月 21 日　外務省に「日本で両当事者交渉の場を作る事」の要望書 No.1 を提出。

2011 年　5 月 16 日　モハマド・ベイサット西サハラ難民政府ポリサリオ戦線幹部の来日

2012 年　5 月 17 日　モロッコがロス国連事務総長個人特使の更迭を事務総長に求める。モロッコは国連主導の両当事者交渉を拒否し、西サハラはモロッコ領土だと再主張。

2013 年　4 月 22 日　ムロウド・サイード西サハラ・アジア担当大臣の来日、5 月 20 日　「西サハラ共同声明」発表（生方幸夫議員、江田五月議員、柿沢未途議員、笠井亮議員、福島瑞穂議員）

2013 年　10 月 10 日　クリストファー・ロス国連西サハラ事務総長個人特使に「Negotiation Table in Tokyo」を提案。

2014 年　4 月 25 日　参議院議員会館で「西サハラの会」を催す。江田五月議員、鳩山由紀夫元首相、福島瑞穂議員、アルジェリア大使、報道関係者が参加。

4 月 29 日　国連西サハラ事務総長個人特使ロスから〈西サハラの会〉に謝意のメールが届く。

2018 〜 2019 年　5 月 22 日　ホルスト・ケーラーが国連西サハラ事務総長個人特使に就任。2018 年 12 月に第一回目両当事者交渉を、2019 年 3 月に第二回目を開催。が辞任

2019 年　8 月 28 〜 29 日　ブラヒム・ガリ西サハラ難民大統領兼ポリサリオ戦線事務総長が率いる西サハラ代表団が、横浜の TICAD7 サミットに参加。モロッコは外務大臣が出席。

2019 年　12 月 6 日　「超党派西サハラ問題を考える議員連盟」設立総会（会長：馳浩東京オリンピック・パラリンピック競技大会組織委員会顧問、元文部科学大臣）

エピローグ

2014 年 2 月 26 日、スマラ西サハラ難民キャンプで、
サハラマラソン 10,000m を終始トップで独走したサ
ラー、勿論、優勝

2020 年 8 月 4 日には、欧州で新型コロナウィルス感染者が激増し、フランスではこの日だけで過去最大の 8,975 人を記録しました。同日、スペインでは 10,476 人の感染者を数えました。サラーが訓練基地にしているフランスのビアリッツはスペインとの国境にあるので、筆者はコロナ見舞いのメールを 8 月 5 日に出しました。翌日の 8 月 6 日に、サラーから以下の返事がきました。

　「まったく、フランスの新型コロナウィルス感染者数が日々増えて、僕の住んでる観光地でも大影響を被っている。誰もかれもが生活困窮者になってしまった。本〈サラー　西サハラ難民アスリート〉の出版に関して、文句を言う奴はいないと思うよ。なんたって西サハラ問題を日本に紹介しようというのだから…。IOC（国際オリンピック委員会）の担当者から、これからバカンスに出かけると、8 月にメールが入った。バカンス明けの連絡を待っている」

　サラーは諦めずに、〈難民五輪選手団〉に入るため、IOC（国際オリンピック委員会）本部と交渉を続けています。

　サラーは足が速いだけではありません。美男子で利口で、どんなに虐げられても信念を曲げない強い人です。

　そんなサラーに、馳浩・超党派西サハラ問題を考える議員連盟会長、義家弘介・同幹事長、柿沢未途・書記局長の三人の先生方から暖かいご支援を頂いております。

　そして、サラーの話を 14 回にわたって掲載してくださった、日刊ベリタの大野和興さん、ちきゅう座の府川頼二さん、そして本書の組版とカバーデザインを担当してくれた中野多恵子さん、ありがとうございます。

　前作〈アリ　西サハラの難民と被占領民の物語〉と前々作〈ラストコロニー西サハラ〉を出してくださった松田健二・社会評論社代表は、今作〈サラー難民アスリート〉も、出版してくださいました。深謝あるのみです。

文　　章　：平田伊都子
写真構成：川名生十
写真提供：アマイダン・サラー、川名生十、
　　　　　SPS（サハラ・プレス・サービス）李憲彦

平田伊都子　ITSUKO Hirata

大阪生まれ、ジャーナリスト。著書に「カダフィ正伝」「ピース
ダイナマイト・アラファト伝」（以上集英社）、「サハラの狼」（読
売新聞）、「悪魔のダンス・サダムの小説」（徳間書店）、「ジプシー
の少女に会った（絵本）」（福音館）、「教えてイラクの戦争、今、
むかし（絵本）」（汐文社）、「アラビア語の初歩の初歩」その他初
歩シリーズ絵本（以上南雲堂）、「プロヴァンスのジプシー」「Yes
I can with OBAMA」（以上南雲堂フェニックス）、「ラストコロニー
西サハラ」「アリ　西サハラの難民と被占領民の物語」（以上社会
評論社）、など多数ある。SJJA（サハラ・ジャパン・ジャーナリスト・
アソシエーション）代表。

川名生十　KIJU Kawana

北海道生まれ、国際フォトジャーナリスト。カダフィ大佐、アラ
ファト・パレスチナ大統領、ラフサンジャニ・イラン大統領、シェ
イク・モハンマド・ドバイ首長、アブデル・アジズ西サハラ大統
領、ボカサ中央アフリカ皇帝などの撮影。WSJPO（西サハラ日本
代表事務所）代表。

サラー　西サハラ難民アスリート

2020 年 11 月 30 日　初版第 1 刷発行

著　者　平田伊都子
写　真　川名生十
発行人　松田健二
発行所　株式会社 社会評論社
　　　　東京都文京区本郷 2-3-10　〒 113-0033
　　　　tel. 03-3814-3861/fax. 03-3818-2808
　　　　http://www.shahyo.com/

装幀・組版デザイン　中野多恵子
印刷・製本　　　　　株式会社ミツワ

評伝 孫基禎
スポーツは国境を越えて心をつなぐ

寺島善一/著

1936年ナチス政権が開催したベルリンオリンピック。日本代表としてマラソン競技に出場し、金メダルを獲得した孫基禎^{ソンキジョン}(1912-2002)。その波瀾にみちた生涯とスポーツに託した夢に迫るドキュメンタリー。著者は孫基禎と親しく交流し、「孫基禎の人生を語る」授業を続けた。各紙で好評の好著。

定価=本体1400円+税　四六判並製・160頁